# 贵州体育旅游发展报告2019

Guizhou Sports Tourism Development Report 2019

贵州省体育局等 ◎ 主编

中国旅游出版社

项目执行：多彩贵州文化旅游研究院
责任编辑：李冉冉
装帧设计：北京中尚图文化传播有限公司

**图书在版编目（CIP）数据**

贵州体育旅游发展报告. 2019 / 贵州省体育局等主编. -- 北京：中国旅游出版社，2020.5
ISBN 978-7-5032-6479-5

Ⅰ. ①贵… Ⅱ. ①贵… Ⅲ. ①体育—旅游业发展—研究报告—贵州—2019 Ⅳ. ①F592.773

中国版本图书馆CIP数据核字(2020)第068448号

| | |
|---|---|
| 书　　名：| 贵州体育旅游发展报告. 2019 |
| 作　　者：| 贵州省体育局等主编 |
| 出版发行：| 中国旅游出版社 |
| | （北京建国门内大街甲9号　邮编：100005） |
| | http://www.cttp.net.cn　E-mail:cttp@mct.gov.cn |
| | 营销中心电话：010-85166536 |
| 排　　版：| 北京中尚图文化传播有限公司 |
| 经　　销：| 全国各地新华书店 |
| 印　　刷：| 炫彩（天津）印刷有限责任公司 |
| 版　　次：| 2020年5月第1版　2020年5月第1次印刷 |
| 开　　本：| 710毫米×1000毫米　1/16 |
| 印　　张：| 16 |
| 字　　数：| 234千 |
| 定　　价：| 68.00元 |
| ISBN　　| 978-7-5032-6479-5 |

版权所有　翻印必究
如发现质量问题，请直接与营销中心联系调换

## 编委会名单

顾　　问：吴　涛　　牟　勇
主　　任：匡正志
副 主 任：余显亚
编　　委：陈思齐　郑　跃　邓义婷　钟　胜　张云霞

策　　划：余显亚　陈　俊
文稿统筹：贵州体育旅游研究院
文稿校对：肖　刚　杨　娟　吴　彪　李　棋

# 序 言

## 体旅融合新需求　多彩贵州添新彩

### ——全力打造全国体育旅游示范区

贵州山川秀丽，气候宜人，民族文化多姿多彩，素有"公园省"之美誉。境内瀑布、溶洞、峡谷、湖泊、森林、温泉，比比皆是，山奇、水清、谷美、石秀、洞幽，处处成景。贵州不可复制的地理风貌和山水格局，涵养了得天独厚的生态环境，孕育了独一无二的气候生态，尤其适合休闲度假和开展山地运动，是户外运动的天堂，体育旅游的胜地。今天，体育旅游俨然已经成为人们"融入自然、挑战自然、超越自我"的最佳方式，是生态旅游的升级版。于贵州而言，发展体育旅游是推动贵州旅游提质增效的新动能，也是践行"绿水青山就是金山银山"理念最生动的实践，更是满足人民美好生活需要的必然要求。

2017年9月，国家体育总局批复，支持贵州省创建全国体育旅游示范区，这为贵州省体育与旅游深度融合，进一步探索新业态、新模式、新体制、新机制，提供了重要的政策保障，是一次难得的历史机遇。在这一大好形势下，贵州体育因时而动、乘势而上。为深入推进全国体育旅游示范区创建工作，按照省委省政府的安排部署，省体育局高标准、高质量地编制了《贵州省全国体育旅游示范区总体规划》，提出将贵州打造成为"国内一流、世界知名体育旅游目的地"的发展目标和"一核""六带""多点"的总体构架。贵州省人民政府办公厅印发了《贵州省创建全国体育旅游示范区的意见》，指出要以打造国内外具有影响力的体育赛事为突破口，积极开发高桥极限、洞穴探险、路跑健身、山地骑行、户外拓展、水上运动、冰雪运动、低空运动、攀岩、徒步等特色业态，通过体制创新、模式创新、产品创新，创建以亚高原山地户外运动为特色的全国体育旅游示范区。

为梳理贵州体育旅游资源，总结体育旅游发展经验，贵州省体育局特编撰《贵州体育旅游发展报告2019》，本书旨在全面客观地反映近年来贵州体育旅游的发展环境、现状和前景，全方位、多角度地总结全省体育旅游的发展经验和典型案例，共同推动贵州全国体育旅游示范区创建工作的深入开展，为山地体育旅游产业发展提供借鉴，为体育强国、健康中国建设做出贵州贡献。

黔山秀水，体育旅游大有可为！

# 目 录
## CONTENTS

## 壹

# 政府篇

**传承体旅发展传统　挖掘贵阳体旅潜力**
　　——贵阳市2019年体育旅游发展报告　　　　　　　　　　潘　一 / 003

**整合资源打响品牌　开创遵义体旅融合发展新局面**
　　——遵义市2019年体育旅游发展报告　　　　　　　　　黄伟明 / 016

**以"创新"为引领　探寻体育产业升级发展之道**
　　——六盘水市2019年体育旅游发展报告　　　　　　　　李乐京 / 023

**体育之花绽放黔中大地　体旅融合助力脱贫攻坚**
　　——安顺市2019年体育旅游发展报告　　　　　　　　　张春艳 / 030

**抢抓加快旅游业发展机遇　构建毕节体育旅游品牌**
　　——毕节市2019年体育旅游发展报告　　　　　杨乙元　黄　咏 / 036

**产业融合助推地方经济社会发展**
　　——铜仁市2019年体育旅游发展报告　　　　　　　　　李乐京 / 044

创新"体育+"模式　助力脱贫攻坚
　　——黔东南州2019年体育旅游发展报告　　　　　　刘文燕 / 050

立足实际突出特色　不断探索体旅融合新模式
　　——黔南州2019年体育旅游发展报告　　　　　顾晓燕　屈植斌 / 056

双轮驱动成就"山地牌"　体旅激情放飞"好动好玩"黔西南
　　——黔西南州2019年体育旅游发展报告　　　　　　姚　旻 / 062

发展体育事业　推动体旅融合　打造生态体育旅游新区
　　——贵安新区2019年体育旅游发展报告　　　　　　刘嘉怡 / 071

# 理论篇

贵州省民族传统体育与体育旅游融合的探析　　　　巴义名　冯少兵 / 079

"一带一路"背景下贵州省体育旅游集群产业发展策略研究
　　　　　　　　　　　　　　　　　　　彭明娟　王荣乾　王　薇 / 089

贵州山地体育旅游产品的开发优化策略探析　　　　　　　丁　勇 / 095

产业集群视域下西南山地户外运动产业发展策略研究　　　凌　媛 / 101

马拉松赛事与旅游产业融合发展的动力与路径选择
　　　　　　　　　　　　　　　　　　　任　贵　顾晓艳　张启启 / 113

遵义体育旅游资源整合研究　　　　　　　　　　　　　　　　刘　玲 / 121

促进六盘水地区发展"山地旅游+体育"模式的对策研究

　　　　　　　　　　　　　　　　　　　　　　　　杨昌美　肖庆群 / 127

安顺市旅游资源与体育产业融合模式研究　　　　　黄　咏　杨乙元 / 133

# 案例篇

"跑"步"黔"进
　　——马拉松赛事助力贵州城市品牌打造　　　　　　　　田不悔 / 141

超级大秋千　网红打卡地
　　——开阳"猴耳天坑"景区的逆袭　　　　　　　　　　　李　棋 / 147

以"体"兴"旅"　以"旅"促"农"
　　——息烽推动"农体旅"深度融合　积极助力乡村振兴　周帆青 / 151

用一根"绳索"连接人与自然
　　——遵义拓路士绳攀基地为贵州体旅融合探"新路"　　吴　彪 / 155

"旅游公路"打开"发展新路"
　　——赤水建成全国首条河谷旅游公路　　　　　　　　　何淼淼 / 159

打造高山滑雪度假品牌　推动城市转型发展
　　——以南国冰雪城·贵州六盘水为例　　　　　　　　　肖　刚 / 162

打造国家级房车露营基地　助力贵州创建全国体旅示范区
　　——六枝318浪哨缘房车营地丰富贵州全域旅游产品体系　　周帆青 / 167

发展高桥极限运动　推动体旅融合发展
　　——安顺坝陵河大桥推动贵州高桥资源开发　　吴 彪 / 170

世界攀岩胜地　户外运动天堂
　　——紫云格凸河打造国家攀岩训练基地　　林木夕 / 174

持续举办全国溯溪越野挑战赛"体旅融合"风生水起
　　——金沙打造体旅精品赛事　助推旅游业"井喷式"增长　　李 棋 / 178

百里杜鹃多措并举推动体旅融合发展
　　——"体育+"景区优质资源打造国家康养目的地　　田不悔 / 182

发扬"龙舟文化"　创建绿色发展先行示范区
　　——铜仁碧江区依托龙舟赛事助推体旅融合　　张宪菊 / 187

体旅融合促发展　健康铜仁谱新篇
　　——环梵净山国际公路自行车赛引领贵州体旅新潮　　杨 娟 / 191

黎平打造百里侗寨国际划骑跑探路体旅融合
　　——国家金牌赛事助力"体旅+脱贫"一起跑　　郭 楠 / 196

精神文化"斗"出来　增收脱贫"牛"起来
　　——榕江县乐里斗牛小镇让民族传统体育绽光放彩　　欧阳恺 / 200

"体旅融合+乡村振兴"带动"龙里速度"
　　——龙里创新体育产业发展模式　　何森森 / 205

以体促旅融合创新　探索旅游多元化发展路径
　　——都匀打造"国际足球文旅小镇"　　郭 楠 / 209

**体旅扶贫：让贫困地区动起来、富起来**
　　——安龙县"体育+旅游+扶贫"的实践与探索　　　　　　　周帆青 / 213

**黔西南依托山地资源　持续举办国际品牌赛事**
　　——国际山地旅游暨户外运动大会引领贵州山地旅游井喷发展
　　　　　　　　　　　　　　　　　　　　　　　　　　肖　雄 / 218

**四大资源"共绘"露营新天地**
　　——贞丰县打造三岔河国际露营基地　　　　　　　　杨　娟 / 223

**"三大赛事"齐聚义龙　推动新区体旅融合发展**
　　——黔西南州义龙新区打造国家级棒垒球体育公园　　肖　雄 / 228

# 附录

**贵州省人民政府办公厅关于贵州省创建全国体育旅游示范区的意见**　　/ 233

# 政府篇

ZHEGN FU PIAN

# 传承体旅发展传统　挖掘贵阳体旅潜力

## ——贵阳市2019年体育旅游发展报告

### 引　言

《贵阳"十三五"体育发展专项规划》中明确指出,"全面推动和深化体育与旅游的融合发展"。2019年,贵阳深入推进旅游业供给侧结构性改革,着力打造国际知名山地旅游目的地,山地体育旅游业发展呈现"数量激增、提档升级、提质增效"的良好态势。

经过多年的发展,贵阳山地体育旅游已粗具规模,区域内各主要旅游景点都已经基本实现了体育项目的覆盖。但是,也还存在体量规模较小、项目开发不足、硬件设施不完善、人才相对匮乏、管理体制不健全等问题。随着经济社会的发展、市场环境的变化、游客喜好的转变,贵阳山地体育旅游需要在现有基础上,进一步优化发展空间、开拓新兴发展路径、提升总体发展水平,促进体育事业和旅游产业的相互融合,带动体育旅游经济的稳步提升,实现山地体育旅游的深入发展。

贵阳作为贵州经济、政治、文化、交通、科教中心,北接川渝、西连云南、东临湖南、南通广西,是西南地区重要的交通枢纽。贵阳自然风光秀丽、历史文化悠久、民族特色丰富、气候条件宜人,被誉为"林城贵阳""爽爽的贵阳""避暑之都"。近年来,随着旅游产业的不断壮大发展,贵阳依托丰富的旅游资源、

优越的区位优势、较为完善的配套设施，形成了包括食、住、行、游、购、娱六大要素在内的完整的旅游产业体系，旅游业的竞争力水平得到了显著提升，业已成为全省旅游服务和游客集散中心，以及重要的旅游目的地。伴随着经济社会的发展和生活水平的不断提高，人们对健体强身、休闲康养、健康生活等高质量生活的要求不断增强，促使体育和旅游这两项高质量生活的典型代表形成了有机的结合，开创了两者间互联互结、互助互补、互惠互利的崭新局面。

## 一、贵阳市山地体育旅游发展情况

贵阳地处黔中，既是贵州的省会城市，也是全省各级交通和物流的中心枢纽。全市经济总量和社会总体发展水平位居全省第一，2018年实现地区生产总值3891亿元。良好的经济基础条件，促使贵阳在体育设施建设、体育人才培养引进、体育旅游服务等方面能够得到更为坚实的保障；便捷的交通条件为贵阳吸引游客、打造全省旅游核心区和目的地、发展山地体育旅游夯实了基础，为贵阳山地体育旅游的发展营造了良好的环境。2018年，全市累计接待国内外旅游者18846.25万人次，同比增长26.68%，实现旅游总收入2456.36亿元。

贵阳是发展山地体育旅游的天然场所，全市地貌以山地、丘陵为主，平均海拔1100米，其中山地和丘陵面积占到全市国土面积的88%，属于典型的喀斯特地形地貌。同时，贵阳近年来不断加强生态环境保护，大力推进生态文明建设，2018年全市森林覆盖率达到了52%。独特的地理地貌特征和优越的生态环境优势，使贵阳具备了发展山地体育旅游得天独厚的自然条件。贵阳自民国时期就有组织开展体育赛事活动的记载，在举办国内外各类大型赛事活动方面拥有丰富的经验。因此，紧跟时代的步伐，将体育赛事活动与旅游相结合，发展山地体育旅游，是贵阳在体育发展上的不断探索。贵阳山地体育旅游的发展从无到有、从小到大、从浅到深，影响力不断增强，2018年国际山地旅游联盟将总部永久设立在贵阳。

## （一）户外体育旅游

20世纪60年代的无线电测向运动，应该属于贵阳开展的最早与山地户外运动相关的运动。由于无线电测向运动所具有的户外性、体育性、探险性等属性，吸引了大批爱好者，并初步具备了现代户外体育运动的基本特征。随着经济社会的发展，户外体育运动逐步呈现出大众化、多元化、常态化，并逐步开始与旅游相融合，形成了宜游、宜炼、宜养的格局。贵阳以黔灵山公园、天河潭、花溪国家城市湿地公园、红枫湖国家城市湿地公园、贵阳森林公园、观山湖公园等市区周边的公园为载体，充分发挥并合理运用园区内各自特有的自然资源，大力开展以登山、健走、跑步、攀岩、骑行、游泳、划船、钓鱼等户外运动的体育旅游项目，使景区既成为吸引人们旅行出游、观光休闲的目的地，也成为人们健身锻炼、强身健体的运动地点。开阳的南江大峡谷作为喀斯特地貌特有的产物，依靠各式各样的山峰、峡谷、瀑布、河流等独特的地理地貌特征，南江大峡谷景区在原有观光旅游的基础上，开发了徒步登山、铁道攀岩、丛林探险、野外露营、峡谷漂流等多个户外体育旅游项目，并组织了漂流比赛、山地越野挑战赛等一系列赛事，进一步增加了游客的体验感和愉悦感。贵阳市结合"千园之城"示范性公园的总体规划，积极推进生态体育公园建设。目前，已经按照生态体育公园标准，开工建设了贵阳市登高云山森林公园、白云区泉湖公园、贵州修文苏格兰牧场等体育设施、息烽县南山驿站生态体育公园、清镇市体育文化公园、高新区太阳湖滨河生态体育公园、贵阳顺海国家级生态体育公园等多个生态公园。其中，阿哈湖湿地公园单独规划并已建成一座综合性健身康体中心，其中包含1个室内游泳池、1个羽毛球馆和网球馆，6个5人制足球场，7个标准篮球场。将运动场地建设在旅游景区，成功地将体育与旅游有机地结合在一起，既充分发挥了城市公园旅游、观光、休闲的功能，又满足了游客运动、健身、比赛的需求（表1）。

表1 贵阳市国家A级旅游景区统计

| 旅游景区级别 | 旅游景区名称 |
| --- | --- |
| 5A级 | 青岩古镇 |
| 4A级 | 黔灵山公园；南江大峡谷；天河潭；贵阳森林野生动物园；贵御温泉；保利国际温泉；桃源河；白马御温泉；花溪区湿地公园；息烽集中营革命历史纪念馆；蓬莱仙界白云休闲农业旅游区；贵阳市阿哈湖湿地公园；多彩贵州城旅游综合体；时光贵州；中国阳明文化园 |
| 3A级 | 甲秀楼；河滨公园；贵阳森林公园；贵阳欢乐世界 |
| 2A级 | 天鹅湖 |

注：本表资料与数据是作者根据《贵阳年鉴》相关资料整理所得。

## （二）赛事项目旅游

从民国时起，贵阳就已经开始开展游泳比赛、越野赛跑、篮球比赛等赛事活动。中华人民共和国成立之后，贵阳市于1965年举办了第一届环城赛跑。到20世纪80年代，又成功举办了贵阳市第一届少数民族运动会。赛事经验的长期积累，促使贵阳举办赛事的种类、规模、层次均不断获得提升。2019年，贵阳市成功举办了2019贵阳国际马拉松赛、2019年"郑洁杯"青少年网球巡回赛·贵阳站、2019贵阳市"山海杯"全国校园足球邀请赛等全国性及国际性赛事，以及2019年贵州省激光枪射击大奖赛、2019"贵阳银行杯"第三届贵阳业余网球公开赛、2019年贵州省U系列羽毛球选拔赛等地方赛事。同时，贵阳是征战中国足球协会甲级联赛的贵州恒丰足球俱乐部的训练基地。作为球队主场的贵阳奥林匹克体育中心，长期吸引着诸多球队球迷和足球爱好者前往观战助威。贵阳举办的各项赛事，吸引了大量的比赛团体、观赛群众、赛事游客等前来贵阳参与赛事项目，营造了体育旅游的良好氛围，引起了显著的"奥运效应"，带动了交通、餐饮、住宿等社会相关行业的联动发展，对贵阳体育旅游的发展起到了直接促进的效果（表2）。

表2　2014~2019年贵阳市举办体育赛事统计

| 年份 | 举办赛事名称 |
| --- | --- |
| 2014 | 2014贵阳国际半程马拉松赛；贵阳市第十二届运动会；贵阳市第四十一届元旦全民健身越野赛活动；贵阳市第二十七届冬泳表演赛；自然水域激流越野邀请赛；贵阳市第六届百村农民篮球赛；2012中超联赛贵阳赛区比赛；第十一届亚洲越野锦标赛；贵阳市青少年田径锦标赛；贵阳市青少年路拳道锦标赛；2014全国汽车短道拉力赛（贵阳青岩站）；中国业余网球公开赛（CTA-OPEN）"中天城投杯"贵阳钻石赛；2012"俊发杯"全国山地自行车邀请赛；贵阳国际山地自行车邀请赛；第六届"百村农民篮球赛" |
| 2015 | 2015贵阳国际田联世界越野锦标赛；贵阳国际拳击季比赛；贵州省第九届运动会；2015贵阳国际马拉松赛；山地自行车比赛；中国足球协会超级联赛贵阳赛区比赛；WBO洲际拳王争霸赛；"郑洁杯"贵阳青少年网球公开赛；第九届"百村农民篮球赛" |
| 2016 | 2016贵阳国际马拉松；2016贵阳国际拳击季；2016CMEG全国移动电子竞技大赛贵阳总决赛；2016ITF国际女子网球巡回赛；2016全国健身气功站点联赛（南部赛区）；2016年中甲足球联赛；2016"郑洁杯"网球赛；中国房车锦标赛（贵阳站）；贵阳市第10届"百村农民篮球赛" |
| 2017 | 贵阳国际马拉松赛；全国田径冠军赛暨大奖赛；ITF国际女子网球巡回赛；贵州省青少年游泳锦标赛；CRCC中国场地拉力锦标赛；MOTOGP中国摩托场地锦标赛；CTCC中国房车锦标赛；CDC中国汽车漂移锦标赛；贵阳市首届射箭锦标赛；第38届世界业余围棋锦标赛；中国·息烽国际越野跑挑战赛；甲秀电子竞技联赛；第11届"百村农民篮球赛" |
| 2018 | 2018年贵阳国际马拉松赛；2018年贵阳市第十三届运动会；中国超级摩托车锦标赛（CSBK）；CRRC中国公路摩托车锦标赛；全国滑翔伞定点联赛贵州息烽站；ITF国际女子网球巡回赛；"郑洁杯"青少年网球巡回赛；2018年全国田径冠军赛暨大奖赛总决赛（亚运会选拔赛）；第12届"百村农民篮球赛" |
| 2019 | 2019贵阳国际马拉松赛；2019年"郑洁杯"青少年网球巡回赛·贵阳站；2019贵阳市"山海杯"全国校园足球邀请；2019年贵州省激光枪射击大奖赛；2019"贵阳银行杯"第三届贵阳业余网球公开赛；2019年贵州省U系列羽毛球选拔赛 |

注：本表资料与数据是作者根据《贵阳年鉴》、贵阳市体育局搜集整理所得。

## （三）民族体育旅游

贵阳是一个多民族聚居的城市，除汉族以外，还居住有布依族、苗族、侗族、彝族等20多个少数民族。各民族具有自己特有的传统民族体育项目，如布依族的耍狮、苗族的斗牛、侗族的踩芦笙、彝族的跳火绳等。传统的民族特色旅游一直是深受人们青睐的旅游项目，在此基础之上，将民族体育运动作为民族旅游的一个项目和环节，促使民族旅游与民族体育形成紧密融合，使游客在观赏民族特色、领略民俗风情、品尝特色美食的同时，也能够欣赏甚至参与到这些传统的

民族体育项目中，实现体育与旅游的有机统一（表3）。

**表3 贵阳市少数民族主要节庆赛事活动**

| 节日名称 | 节庆活动内容 |
| --- | --- |
| 跳地戏<br>（农历正月十五） | 布依族和其他少数民族聚集于花溪大寨，戴上面具，边跳边唱，集话剧、歌舞、舞剧为一体，结合传统歌舞比赛，掺揉神话传奇，表现中国古代战争传奇故事 |
| 三月三<br>（农历三月初三） | 又叫"地蚕会"，是布依族的传统节日。原为祭祀地蚕，将炒熟的玉米抛撒在山坡上并唱山歌，以祈求庄稼丰收。在节日期间，布依族群众云集乌当区新堡乡，以赛歌、赛舞、吹木叶等形式，庆祝节日的到来 |
| 四月八<br>（农历四月初八） | 苗、布依、侗、壮、水、仡佬、汉族群众，身着民族盛装，云集贵阳市喷水池一带，以吹芦笙、箫笛、对歌比赛、民族舞蹈比赛等方式，纪念古代民族英雄"亚努" |
| 六月六<br>（农历六月初六） | 贵阳布依族祭社神、山神的重要节日。这一天，布依族男女老少皆身穿盛装，聚集于花溪河畔，举行歌舞表演、比赛，以庆祝这一传统节日 |

注：本表资料与数据是作者根据《贵州年鉴》《贵阳年鉴》、贵州省民宗委、贵阳市民宗委搜集整理所得。

## （四）健身康养旅游

贵阳的喀斯特地形地貌，孕育出众多天然温泉。贵阳对温泉产业发展的长期支持，培养开发了一批如贵御温泉、保利国际温泉、白马峪温泉等在内的集旅游、康养、休闲为一体的温泉旅游综合体。在此基础之上，各地温泉旅游景点凭借适宜的泉水温度、完备的基础设施、较多的游客基数等优势条件，根据自身场地环境，增添多种多样的体育设施，开发出了如温泉游泳、泉水冲浪、健美塑形等一系列运动项目，将传统医疗的单一救治模式转变为集运动理疗、健康养生、旅游休闲为一体的"防—治—养"综合性体育康养模式。蓬莱仙界白云休闲农业旅游区与开阳十里画廊两处旅游景点另辟蹊径，以大健康产业为导向，积极开发健康养身的生态体育业态。通过在游客观赏风景的沿途设置各类蔬菜、瓜果、花卉的种植体验园，向人们介绍丰富的农业知识，并鼓励人们亲自参与体验农业耕种、农作物采摘的过程，以此让游客在旅游的过程中达到强身健体的目的。

### （五）红色徒步旅游

贵阳红色底蕴深厚，红色旅游发展迅速。著名红色旅游景点有息烽集中营革命历史纪念馆、贵州人民抗日战争纪念碑、黔灵山公园麒麟洞张学良和杨虎城被囚禁处、林青烈士就义处、八路军驻贵阳交通站旧址等。在"重走长征路"活动的带动下，贵阳对各处具有革命纪念意义的旅游景点进行规划，开展各种类型的徒步活动，将爱国主义教育、红色旅游与体育运动相融合，让人们在接受革命传统教育，体会革命前辈艰苦长征的同时，又能够达到强身健体的目的。

## 二、贵阳市山地体育旅游发展的问题与短板

贵阳的山地体育旅游作为一个新兴发展的产业，受发展条件、环境特点、思想观念等因素的影响，在体育设施、项目开发、人才培养等方面还存在一定的问题和短板，发展思路、参照标准、权责关系仍有待厘清。

### （一）体育设施仍旧缺乏，基础建设有待加强

目前，贵阳山地体育旅游在体育设施方面，主要体现有数量不足、种类不多、设备老旧、管理不善等情况。尽管体育项目在相当长的一段时期内没有发生太大变化，但是体育设施承载的需求却不断增加，体育设施建设依然跟不上人们日益增长的体育运动需求。在人口密集地区、旅游热门地点，体育设施的使用人数众多、配套不足，往往需要进行长时间的排队等候，直接影响了运动的时间与效率。同时，贵阳很多旅游景点内的体育设施缺乏定期的维护保养，损坏严重，很多已完全丧失了体育运动的功能。即使是有专人管护的体育设施，由于长时间没有进行更新升级，且管护人员往往也较为缺乏专业性知识和管理经验，也已呈现出设施老旧、技术落后、安全降低的状况（图1）。

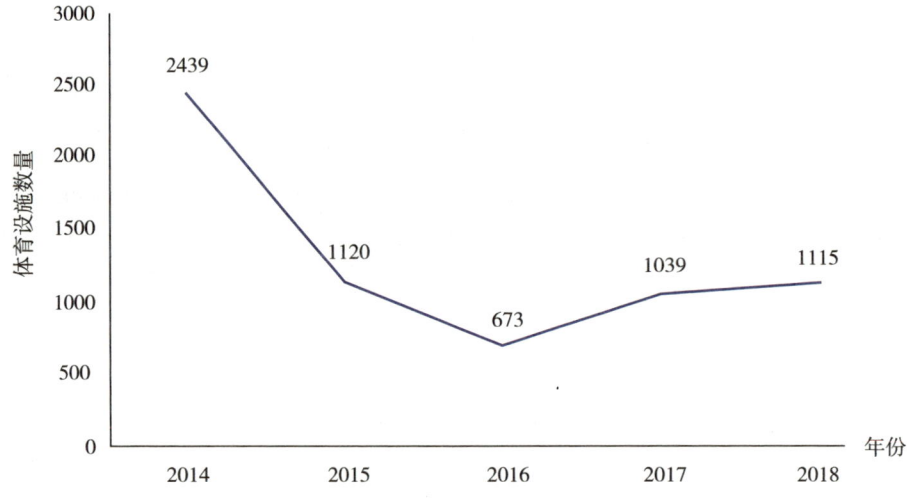

图1　2014~2018年贵阳市体育设施数量统计（单位：个）

注：本图资料与数据是作者根据《贵阳统计年鉴》搜集整理所得。

### （二）体育旅游冷热不均，季节问题较为突出

贵阳的夏季风景秀美、气候宜人、活动众多，政府部门、民间团体、旅游景点经常性地开展如登山、徒步、跑步、垂钓等体育项目，吸引了不少游客前来贵阳参与运动、开展旅游。然而，进入冬季，贵阳的旅游进入淡季，旅游人数和体育项目的参与人数大幅减少。一方面是因为气候变冷，导致游客量的下滑；另一方面则是由于贵阳本地针对冬季开展的体育项目较少，没有形成能够吸引游客的体育旅游项目，大多数游客的旅游形式由体育旅游转变为观光游、休闲游、体验游，旅游场所也由户外转为室内，贵阳的山地体育旅游呈现出"夏热冬冷"的季节性特点（图2）。

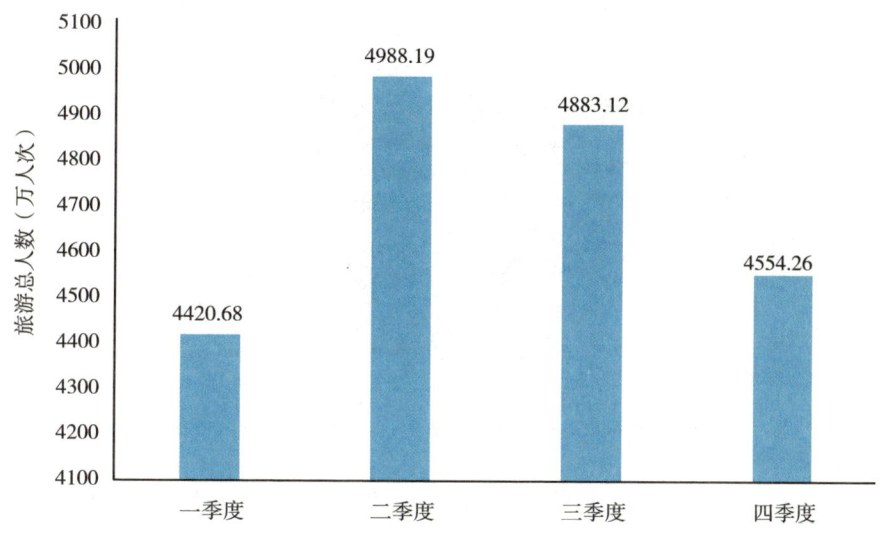

图2  2018年四个季度贵阳市旅游总人数统计

注：本图资料与数据是作者根据2018年1~12月《贵阳经济社会统计月报》搜集整理所得。

### （三）体育人才数量不足，服务水平有待提升

目前，贵阳在体育旅游方面的从业人数不足，举办体育旅游活动或比赛赛事时，组织者大多是由运动教练、退役运动员、旅游向导、当地工作人员等兼职，缺少具有特定技能的专业化人才的组织安排，且由于人数偏少、覆盖面较小，服务的类型也不多。同时，由于缺少相应的专业化培训，行业从业人员的专业技能较低、服务意识较为淡薄，在提供专业性指导和旅游服务过程中的态度、行为、言谈往往出现不够耐心、不够细心、不够专业的情况。由于参赛人员和观赛游客无法获得本地的专业化服务，因此往往需要自行配备人员、携带器材装备，增加了其参赛和旅游的负担（图3）。

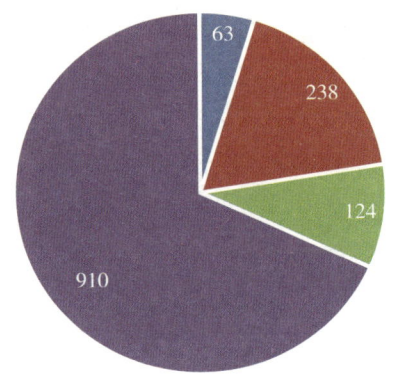

**图3　2018年贵阳市体育从业人数统计（单位：人）**

注：本图资料与数据是作者根据《贵阳统计年鉴》搜集整理所得。

## 三、促进贵阳市山地体育旅游发展的建议

依托贵阳市省会经济、文化、社会的中心地位，充分发挥航空、铁路、公路的交通优势和全省门户窗口的作用，以独特的山地自然资源、多元的民族特色、丰富的体育赛事活动举办经验、深厚的红色文化为条件，进一步强化对体育旅游资源的开发力度，不断提升体育赛事活动的专业化水平，探索发展新型体育旅游项目，培育建立具有贵阳特色的山地体育品牌。将贵阳打造成为支撑全省体育旅游发展的综合服务核心，贵州体育旅游示范区的重要引擎。

### （一）持续加大体育旅游开发力度

第一，贵阳很多旅游景点已经开发并拥有了一定数量的体育旅游项目。针对区域内已开发的项目，可通过对其增加数量、扩大规模、丰富内容等方式进行升级改造，提升体育旅游的多样性、便利性、舒适性。第二，贵阳自然旅游资源众多，对于山地体育旅游的开发，不局限在对已开发的旅游景点增加体育项目或体育环节。在不破坏生态环境的基础上，可根据游客的兴趣喜好、聚集区域、消费能力，探索开发游客喜闻乐见的新颖体育旅游项目和目的地，逐步提升贵阳体

育旅游的整体规模、创新能力、发展水平。第三，在对民族体育项目的开发过程中，应注重保护和发展相结合。在充分尊重民族习惯、保持民族特色、传承民族运动的基础上，将民族特色的体育项目与现代元素相结合，既让民族特色体育项目得到保护，又让其在社会中得到广泛宣传和不断普及，使贵阳山地体育旅游充满民族气息和人文色彩。第四，根据贵阳的实际情况，进一步开发新型的体育赛事项目。通过组织承办和外来引入两种方式，积极开展各种类型的体育赛事活动，以参赛、观赛为手段吸引更多的游客，推进贵阳赛事旅游的发展。第五，设计发展贵阳山地体育旅游精品线路，将不同旅游景点间各式各样的体育项目进行统一规划、打包推介，打造出一条内容丰富、款式不同、令人满意的山地体育旅游精品线路，让游客在有限的时间内，体验到体育带来的无限乐趣。

## （二）探索开发新型体育旅游项目

在探索现有体育旅游项目的基础之上，开发新型体育项目，以丰富体育旅游内容，提升其深层内涵和发展水平。针对登山、健走、跑步等传统体育运动项目，在运动过程中增加竞技、探险、解密等多种运动环节，提升传统运动项目的趣味性和多样性，让游客耳目一新，以满足众多游客的不同需求。对于足球、马拉松、汽车拉力锦标赛等重要赛事活动，探索发展种类独特、吸引力强、游客喜爱的新型体育旅游项目。例如，在足球比赛开场和中场休息环节，引入啦啦队舞蹈操练比赛、体操比赛、广场舞比赛等；在马拉松赛事中，增添竞走比赛、登山比赛、自行车比赛等形式相似的比赛；在汽车拉力赛的出发集结地，安排适合游客参与的卡丁车比赛、场地训练比赛、赛车体验等项目。在冬季，利用贵阳温度适宜、湖面不冻的特点，在具有湖泊的旅游景区组织开展冬泳比赛、冬季垂钓等体育活动，以解决贵阳体育旅游"冷热不均"的难题。同时，结合贵阳"大数据"的发展，探索开展多层次、多门类的电子竞技比赛，以吸引更多的旅游群体。

### （三）加大宣传推广打造知名品牌

酒香也怕巷子深，在不断提升体育旅游自身发展实力的同时，需要持续加大在宣传推广方面的工作。充分利用报纸、电视、网络、新型媒体等方式，在全省甚至全国范围内，扩大对贵阳体育项目和比赛赛事的介绍和宣传，进一步扩大贵阳体育旅游的知名度，吸引更多的游客前来贵阳参与体育项目，开展体育旅游。同时，加大体育旅游招商引资力度，提升体育旅游服务层次，夯实体育旅游发展基础，着力构建现代山地体育旅游产业体系，提升贵阳山地体育旅游的品牌实力，将贵阳打造成全省著名、全国知名、全球有名的山地体育旅游目的地。

### 启示与思考

贵阳山地体育旅游目前正处于快速发展阶段，有些方面还不够完善，部分要素需要提高加强。

1.强化政府引领作用。在推进贵阳山地体育旅游发展过程中，按照市场导向原则，根据市场需求，结合全市山地体育旅游发展情况，由政府进行统一规划安排，合理布局山地体育项目，并根据当地的实际情况和旅游景点的特点特色进行统一打造，将文化、餐饮、服务等各产业融入山地体育旅游中，发展构建具有全域旅游特征的山地体育旅游。

2.增强从业人员能力。加强对山地体育旅游从业人员的培训力度，提升其专业能力、整体素质和服务意识，对于部分专业程度较高的体育旅游项目，安排专业教练直接从事运营管理，或对从业人员进行专业化培训，使其具备专业知识和安全保障能力。

3.提升游客的满意度。贵阳山地体育旅游面向游客、服务游客，更需要游客的支持，因此，游客对于贵阳山地体育旅游的认可程度、信息反馈和情感感受尤为重要，即游客的满意度。想要提升游客的满意度，就要加大对山地体育旅游资源的开发力度，探索发展新型山地体育旅游项目，设计山地体育旅游的精品线路，避免单一化、同质化；不断完善山地体育旅游的基础设施，在满足游客基本需求的基础上，针对游客差异化、个性化需求，提供种类多样、层次不一的特色化、定制化服务；将文化内涵、生活元素等方面融入旅游之中，逐步培养游客对山地体育旅游的热爱，不断增强游客的情感。

执笔：潘 一

> 贵州体育旅游发展报告 2019

# 整合资源打响品牌
# 开创遵义体旅融合发展新局面

## ——遵义市2019年体育旅游发展报告

### 引 言

　　2016年以来，国务院办公厅、原国家旅游局等部门发布了一系列关于促进、推动体育旅游发展的文件，从国家层面描绘了体育旅游发展的蓝图，体育旅游迎来政策风口。为贯彻落实国家"一带一路"战略部署和《国家旅游局 国家体育总局关于大力发展体育旅游的指导意见》，国家体育总局、原国家旅游局联合发布《"一带一路"体育旅游发展行动方案》。为加快贵州省体育旅游产业快速发展，贵州省出台了《贵州省"十三五"体育发展规划》《省人民政府办公厅关于贵州省创建全国体育旅游示范区的意见》等纲领性文件。遵义市围绕建设黔川渝接合部中心城市目标，将体育事业与大旅游集合起来，在体旅产业融合发展上持续发力，通过整合体育产业与旅游产业资源，聚焦山地户外运动和民族传统项目品牌打造，深度挖掘山地民族特色体育和山地旅游资源，大力发展山地体育旅游产业，开创遵义体旅融合发展新局面。

## 一、精心谋划，加强体育旅游精品项目编制

深入贯彻落实《贵州省100个生态体育公园规划建设标准》文件要求，充分利用遵义市体育旅游精品线路、生态体育公园、户外运动基地等体育旅游特色资源，积极做好中国体育旅游精品项目申报、推介工作。通过整合体育旅游资源，各县（市、区）编制遵义市桃花江健康旅游示范基地、汇川区娄山关·海龙屯山地户外基地、中国茶海景区体育休闲旅游度假区、凤冈"茶海之心"山地户外体育旅游基地、习水县箐山山地户外体育旅游休闲基地、红花岗区金鼎山镇拓路士（SRT）户外绳索垂直训练基地等30余个健康旅游示范基地规划及山地户外生态体育公园建设，涉及攀岩、汽车露营、探险、徒步、漂流等山地旅游户外健康旅游运动项目。遵义市余庆松烟万亩茶海生态体育公园被国家体育总局命名为国家体育产业示范项目。"娄山关·海龙屯国际山地户外运动挑战赛""中国·遵义赤水河谷国际公路自行车邀请赛""中国·土城北纬28.3度最美森林穿越挑战赛"等项目入选中国体育旅游精品项目，"中国第一骑游小镇——松烟骑行线路"被授予"十佳精品项目"。

## 二、整合资源，加大体育旅游基础设施建设

贯彻落实《中共遵义市委关于建设黔川渝接合部中心城市的决定》文件要求，加快推进黔川渝接合部大旅游、大健康等中心任务涉及体育基础设施建设，重点完成了赤水河谷山地自行车赛道、湄潭翠芽27°生态体育公园、汇川区莲花山生态体育公园、道真玉龙谷体育湿地公园、正安县生态体育公园、余庆县松烟镇自行车骑游生态体育公园等建设任务。鼓励支持各地利用闲置厂房、仓库、旧校舍和"四荒"（荒山、荒沟、荒丘、荒滩）改建全民健身场地，不断增加健身步道、自行车赛道和文体广场等场地数量，进一步完善全市所有体育运动公园的骑行、步道功能和强电、路灯等配套工程。健全遵义市奥林匹克场馆中心、贵州卧龙湖水上运动基地、汇川文化体育公园等新建公共体育场馆功能，建立各项规章制度和长效管理工作机制，实现标准化管理。通过招商引资引进国奥控股集团建成中国足球运动学院西南分院，目前已完成招生及测试选拔工作，引进专业教

练、专业管理团队实行半军事化的管理,在全国范围内广泛宣传扩大影响力。

发挥优势,大力促进红色旅游发展。近年来,我国红色旅游方兴未艾,这其中既有国家政策的导向作用,也有因人民生活水平的提高,引发的精神消费需求的增加。红色旅游作为一种以红色资源为基础的精神文化产品,是我国近代革命史的重要资源,亦是我国旅游产业发展的重要组成部分。据中国旅游研究院测算,2018年国庆假期,十一长假期间,全国共接待国内游客7.26亿人次,同比增长9.43%,实现国内旅游收入5990.8亿元,同比增长9.04%。旅游市场的假日产品供应丰富,红色旅游、乡村旅游等旅游消费活动高涨。红色旅游分外红火,在其中格外亮眼,贵州遵义会议会址、习水土城等红色旅游景区接待游客量均超过5万人次。提到贵州,无人不知遵义;提到遵义,无人不晓遵义会议会址。遵义红色旅游像是一张名片,深深地印刻在人们心中。

重点发力,强力推进生态体育公园建设。全民健身时代,生态体育公园应运而生。生态体育公园主要涵盖运动、休闲、观景、医疗、儿童乐园等设施,将体育运动融入优美舒适的生态环境中,打造集绿色生态、休闲游憩、全民健身、民俗传承、综合配套服务等功能为一体的体育公园,满足娱乐休闲、健身运动、文化民俗传承等不同需求。生态体育公园之所以能在全世界迅猛发展,其主因是它为人们提供了一个惬意舒适的绿色生态空间,满足了人们对于"运动、休闲、怡情、养性"的需求,这也正是生态体育公园生态价值的集中体现。2016年6月,在全省基本公共体育服务体系暨生态体育公园建设现场推进会上,贵州省体育局局长表示,未来五年贵州省将加快山地自行车、河谷漂流、登山攀岩、徒步、定向越野、龙舟比赛等民族、山地、特色体育运动项目发展。依托自身资源,念好"山字经",书写"水文章",建设一批徒步、骑行、越野、滑翔、攀岩、漂流、野钓、露营等户外体育设施及山地休闲体育旅游小镇,推动体育与旅游等事业融合发展,实现体育生态化、生态体育化、体育旅游化、旅游体育化。遵义生态体育公园以"绿色、体育、多彩贵州"为主线,重点突出体现公园的生态环境功能,彰显园区的生态价值,从而达到服务全民健身、宣扬多彩贵州的目的。遵义持续推进生态体育公园建设,除汇川区莲花山生态体育公园、习水县箐山森林生态体育公园、凤冈生态体育公园、桐梓县东山生态体育公园等已建或在建的生态体育公园，应根据实际情况，合理布局，深入贯彻落实《中共遵义市委关于建设黔川渝接合部中心城市的决定》，加快推进黔川渝接合部文化、康养、大健康等中心任务中涉及体育基础设施建设，重点完成湄潭翠芽27°生态体育公园、道真玉龙谷体育湿地公园、正安县生态体育公园等建设任务。

扎实推进，全民健身实施计划。做到"四个加强"。一是加强体育公共服务设施建设。各地在充分利用好"一场两馆"和学校体育场地的同时，鼓励支持各地利用闲置厂房、仓库、旧校舍和"四荒"（荒山、荒沟、荒丘、荒滩）改建全民健身场地，不断增加健身步道、自行车赛道和文体广场等场地数量。二是加强农民体育健身及全民健身路径工程建设。在争取中央资金及省级项目的同时，各级要加大自身财政的投入，做到省、市、县联动，严格按照市委、市政府关于下发《遵义市全民健身实施计划（2016~2020年）》文件要求全面完成。三是加强全民（群众）健身站点建设。各县（市、区）新增全民健身站点各5个以上。结合健身气功试点改革工作，强化对健身气功站点的建设、管理与监督工作。四是加快国民体质监测中心建设。加快市级国民体质监测中心建设，完善办公设施设备和后台服务，落实专业性业务人员，加大培训力度，完成全年500人以上的体质监测工作。进一步履行好体育公共服务职能，建立健全各项规章制度和长效管理工作机制。做好体育产业专项调查工作。进一步抓好全市体育产业专项调查和第七次全国体育场地普查工作的前期准备，并按工作要求保质保量按期完成横到边、纵到底，全覆盖的专项调查工作。

大力发展民族传统性体育项目。2012年贵州省政府印发的《贵州省全民健身实施计划》中明确提出要重视发展少数民族传统体育和传承民间传统体育，发展"少数民族传统体育项目之乡"。2015年年底国务院印发的《关于沿边重点地区开发开放若干政策措施的意见》明确提出"积极发展体育旅游、旅游演艺"等。2016~2020年的"十三五"规划中提出："促进少数民族传统事业发展，推动民族地区健康发展，加快发展现代文化产业，推进文化、旅游、科技、体育产业融合发展。"2017年习近平总书记在十九大报告中提出"广泛开展全民健身活动，加

快推进体育强国建设"的要求,扎实推进少数民族特色体育事业加快发展。这些政策的出台为贵州少数民族传统体育旅游的发展提供强有力的保障。

少数民族传统体育是我国民族传统文化的重要组成部分,其内容丰富多彩,反映了各少数民族的历史传承及民族文化。其中,一些人们喜闻乐见的项目,具有很强的观赏性及参与性,如仡佬族的打篾鸡蛋、推屎爬、背背战,苗族的上刀山、射弩、打花鼓,侗族的芦笙舞、踩歌堂、摔跤,土家族充满神秘色彩的傩戏、肉莲花、毛古斯等。这些民族项目含有极其多元的民族特色,为民族传统体育旅游业的发展提供了得天独厚的人文资源。如何能使这些少数民族体育项目发挥优势,让外来游客能够参与其中,是我们需要深入思考的问题。

### 三、打响品牌,展现遵义特色体育旅游赛事新形象

遵义市每年举办"娄山关·海龙屯国际山地户外运动挑战赛""中国·遵义赤水河谷国际公路自行车邀请赛""遵义·中国茶海山地自行车赛""中国·土城北纬28.3度最美森林穿越挑战赛"及村跑等特色体育旅游赛事,将具有遵义特色的品牌赛事与遵义历史文化、特色文体活动、城市品牌打造、健康旅游发展等结合起来。其中,"娄山关·海龙屯国际山地户外运动挑战赛"已被中国登山协会誉为国内最具影响力的三大国际著名赛事之一,与百色、武隆山地户外运动挑战赛齐名,赛事骑行线路被中国自行车协会、中国风景名胜区协会命名为"中国最适合骑行游览线路"称号。该赛事设置城市赛段和景区赛段,将体育运动和旅游景区结合,涵盖越野跑、定向越野、山地自行车、负重登山等项目,吸引了来自美国、新西兰、捷克等10余个国家代表队参加。举办"中国·遵义赤水河谷国际公路自行车邀请赛""遵义·中国茶海山地自行车赛""中国·土城北纬28.3度最美森林穿越挑战赛"等重大赛事活动,吸引来自美国、德国、俄罗斯、乌兹别克塔斯、泰国、印度尼西亚、韩国、荷兰、塞尔维亚、新西兰、蒙古等国家的众多运动员参加赛事。通过举办各类赛事活动,有力地促进全市体育旅游的融合发展,提升了遵义的知名度、美誉度,展示了遵义红色传承、绿色发展,打造西部内陆开放新高地的醉美形象。

## 启示与思考

近年来,省委省政府大力支持旅游业发展,作为旅游业的重点内容,体育旅游产业正朝着健康的方向快步前进。

1.开展多样化体育旅游项目。体育项目根据内容及活动性质,大致可划分为游戏类、竞技类、表演类、舞蹈类等类型。根据不同年龄、职业、性别、文化水平等特点,开展多样化体育旅游项目,调动不同人群参与体育旅游的积极性。例如,根据儿童、青少年的生理和心理特点,开展有较强趣味性的体育活动,如亲子户外活动、营地拓展游戏等;根据中年人的生理和心理特点,开展挑战性,展现拼搏精神的体育项目,如高空速降、悬崖跳伞等;根据老年人的生理和心理特点,开展休闲娱乐类的体育项目,如健步走、太极拳等。除此之外,还可以开发新颖、接受度高、有特色的体育旅游项目,对项目在观赏、参与、传承等方面进行全方位包装,使游客接触项目后记忆深刻,乐于分享,以达到口口相传的品牌效应。

2.加快"黔川渝"三角经济带发展。遵义作为国家全域旅游示范区,处于成渝—黔中经济区走廊的核心区和主廊道,黔渝合作的桥头堡、主阵地和先行区,是西南地区承接南北、连接东西的重要交通枢纽,拥有优美的自然环境、深厚的城市文化底蕴。随着城市发展进程的不断深入,遵义这座中国的红色圣地也被赋予新的历史使命,把遵义建成黔川渝接合部中心城市,这也是遵义城市未来的发展方向和目标。《中共遵义市委关于建设黔川渝接合部中心城市的决定》中提到,以2020年、2025年、2035年为时间节点,按"三步走"战略实施。截至2020年,这一步的跨出,标志着遵义已经进入轰轰烈烈的新一轮全面建设和发展。同时,遵义体育旅游业也将迎来新一轮发展的高潮。

3.真正使绿水青山变成遵义人的金山银山。2017年10月18日,习近平总书记在党的十九大报告中指出,坚持人与自然和谐共生。必须树立和践行"绿水青山就是金山银山"的理念,坚持节约资源和保护环境的基本国策。习近平总书记强调,生态文明建设是"五位一体"总体布局和"四个全面"战略布局的

重要内容,要切实贯彻新发展理念,树立"绿水青山就是金山银山"的强烈意识,努力走向社会主义生态文明新时代。李克强总理指出,生态文明建设事关经济社会发展全局和人民群众切身利益,是实现可持续发展的重要基石。中国对生态文明建设作出了一系列重大决策部署,形成了当前和今后一个时期关于生态文明建设的顶层设计、制度架构和政策体系,生态文明理念在中国已经深入人心,生态文明建设取得了重大进展。

遵义处于云贵高原向湖南丘陵和四川盆地过渡的斜坡地带,地形起伏大,地貌类型复杂。海拔高度在800~1300米,山地面积占65.08%,属于多山地区。遵义市已建成自然保护区23个,其中国家级自然保护区2个,风景名胜区5个,国家级风景名胜区1个。国家级生态示范区4个,建成森林公园5个,国家级森林公园2个。遵义市森林面积已达149.37万公顷,森林总蓄积量5598.15万立方米,森林覆盖率达到了48.56%。"十三五"时期是全面建成小康社会的决胜阶段,生态环境保护机遇与挑战并存。遵义应抓机遇,展现优势,抓住遵义的"金山银山",深入落实创新、协调、绿色、开放、共享的发展理念,树立绿水青山就是金山银山的理念,深入持久推进生态文明建设,加速遵义生态体育旅游产业发展,加快形成人与自然和谐发展的现代化建设新格局。

执笔:黄伟明

# 以"创新"为引领
# 探寻体育产业升级发展之道

## ——六盘水市2019年体育旅游发展报告

## 引 言

按照"精心书写多彩贵州体育事业新篇章"和"以山地运动、民族体育为特色抓好工作"的要求,以提高健康水平和生活质量为根本目标,不断满足人民群众日益增长的体育旅游需求。近年来,在贵州省体育局的正确指导和关心支持下,六盘水市推动体育旅游的深度融合,体育旅游产业发展取得了一定的成绩。

## 一、体育旅游产业发展异彩纷呈

"南国冰雪"刮起冰雪运动旅游旋风。2012~2016年,六盘水市在北纬26°以南、世界上纬度最低的喀斯特山地陆续建成玉舍雪山滑雪场、盘州云海乐园滑雪场、梅花山国际滑雪场和乌蒙滑雪场。通过组建冰雪运动队、举办冰雪赛事活动,开展"初涉冰雪"、冰雪体验、冰雪摄影、冰雪运动常识普及、青少年冬季阳光体育大会等积极推动冰雪运动旅游的项目。特别是2017年以来,六盘水市以"南国冰雪城·贵州六盘水"为主题,精心设计冰雪项目活动品牌,成功举办贵州省第一届滑雪节、世界雪日暨国际儿童滑雪节系列滑雪活动、贵州省滑雪季六盘水市滑雪系列活动，带动了体育旅游产业的"井喷"。据不完全统计，贵州省滑雪季六盘水市系列活动的举办为六盘水冬季旅游带来了70.48亿元的产值。

凉都爽跑引爆路跑运动旅游。六盘水市的路跑运动源于马拉松赛事的举办。2013~2018年，六盘水市持续举办凉都·六盘水夏季国际马拉松赛，被中国田径协会评为2013年中国马拉松铜牌赛事、2014年中国马拉松银牌赛事及2015年、2016年、2017年、2018年中国马拉松金牌赛事，2017年被国家体育总局评为"国家体育产业示范项目"，2019年3月，被国际田联正式授予"国际田联铜标赛事"，实现了一年一个台阶，一年一个跨越，现已成为全国乃至全世界知名的马拉松赛事之一。一直以来，六盘水马拉松均以"体育的盛会、市民的节日、城市的品牌"为定位，以"清凉马拉松、快乐六盘水"为主题，按照"精致、细致、极致"的要求精心组织。围绕着赛事的举办，国内外马拉松运动者、爱好者、赛事观光客、旅游者蜂拥进入六盘水，极大地刺激了六盘水的体育旅游消费，直接导致了六盘水市"一房难求"的盛况。在马拉松赛事的带动下，六盘水市县两级徒步、长跑等路跑协会共同发力，积极围绕马拉松赛开展路跑活动，激发内部动力，提升旅游能级，凉都六盘水"19℃的夏天，360°的激情"和"世界这么热，我要去凉都"成为更多人的共识与向往。在六盘水夏季国际马拉松赛举办期间，借助央视直播平台和国内主流媒体的宣传，六盘水夏季国际马拉松赛事带动的旅游、酒店、餐饮等产业得到发展，路跑旅游产业经济链成效明显。

山地户外旅游彰显山魂之雄。六盘水市充分利用气候资源凉爽、山地资源富集优势，紧紧围绕"全民健身月"、"全民健身日"、法定节假日以及消夏文化节等大力组织开展山地越野、山地自行车、山地摩托、野外探险、户外露营、漂流、低空飞行、冰雪运动、滑草滑翔、户外攀岩等项目。重点举办了冬季滑雪、六盘水马拉松、牂牁江国际滑翔伞、神雕峡攀岩、野玉海汽车拉力赛、自行车赛等一系列国际国内户外体育赛事活动，并依托山地户外运动的开展大力推进山地户外旅游产品开发，成功打造了马拉松国家体育旅游精品赛事和牂牁江、梅花山、野玉海、月照养生谷、乌蒙大草原、318房车营地等一系列体育旅游精品线路，实现了以山地户外活动聚集人气、带动体育旅游的目的，助推全市2018年全年接待游客4231.53万人次、实现旅游综合收入301.06亿元，同比分别增长41.01%和50.16%。

借景借训做好牂牁江水上运动旅游文章。牂牁江景区是六枝特区充满传奇色彩的风景名胜区，位于六枝特区南部，距六盘水市区50千米。牂牁江景区分布主要以牂牁江畔老王山为中心，以毛口夜郎文化、滨湖自然风光、布依民族风情为核心。沿北盘江而上，游客可观赏到山崖耸立、峰峦俊秀的沿途风光，领略形态各异的悬崖、悬洞、峰林、森林、丹霞等奇观。截至目前，牂牁江已建有国家生态型多梯度户外运动基地、水上运动基地和滑翔伞基地，承接了国家皮划艇队冬季训练并举办了国际滑翔伞赛、皮划艇静水赛等赛事活动，体育旅游设施比较完善，体育旅游元素比较丰富。

汇集温泉之水灌溉康养旅游。六盘水市借鉴国际温泉度假经验，充分挖掘温泉资源，深入推进山地温泉旅游与高原喀斯特观光、民族文化体验与户外运动产品融合发展，建成恩华、野玉海、百车河、胜境、廻龙溪和落别6个温泉旅游产品，形成山地温泉康养保健文化和冬季温泉旅游品牌，构建起"冰雪运动+温泉疗养"的冬季旅游产品体系，成为支撑山地大健康旅游目的城市建设的核心旅游产品，进一步提高旅游产品品质，壮大山地大健康旅游产业。

## 二、立足总体发展体育产业

优化体育旅游产业发展环境。2017年以来，六盘水市进一步推进"放管服"深化改革工作，大幅削减体育旅游活动相关审批事项，减少微观事务管理，权责清单从2017年的21项降为7项。其中行政确认3项，行政处罚2项，行政奖励1项，其他类1项，体育产业发展环境进一步优化。全面贯彻落实《体育市场黑名单管理办法》，建立统一、开放、竞争、有序的体育旅游市场，采取有效措施，切实破除行政垄断、行业垄断和地方保护，着力清除体育旅游产业中妨碍形成

统一市场和公平竞争的各种规定和做法，推动建立公平开放透明的体育旅游市场规则。

深化旅游管理体制机制改革。为推进全域旅游发展，六盘水市研究出台了《六盘水市深化旅游管理体制机制改革实施方案》，设立了1500万元的旅游发展资金，成立了市、县、景区三级应急专班，将旅游发展工作纳入年度目标考核，着力建立健全适应"井喷"发展的旅游管理体制机制。研究出台了《关于进一步规范全市旅游资源保护和开发的通知》等文件，进一步规范全市旅游资源保护和开发，充分发挥旅游资源的综合效益，为推动全市旅游业可持续发展发挥积极的作用。

着力推进产业规划引领。立足六盘水市体育旅游资源、区位优势、自然生态和现实基础，高标准、高质量、高起点编制了《六盘水市全域旅游发展总体规划（2016~2025）》《六盘水市"十三五"体育发展规划》《全民健身实施计划（2016~2020）》和《六盘水市"十三五"旅游产业发展规划》等体育和旅游发展规划，加快推进北盘江流域旅游开发建设策划、规划编制工作，以规划引领和推进体育旅游产业融合发展。

夯实体育产业发展基础。国家南方滑雪基地、国家生态型多梯度户外运动基地和牂牁江国际滑翔伞基地建设工程稳步推进，建成野玉海亚高原户外训练基地、牂牁江水上运动基地。启动神雕峡国际攀岩小镇和六盘水市体教旅综合体规划工作。累计成功申报建设7个生态体育公园项目。建成10家4A级景区、8家省级旅游度假区，8个国家级特色村寨、52个省级特色村寨、8个市级特色村寨。2018年完成投资44.05亿元，建设实施省"旅游1+5个100工程"项目101个，累计新推出北盘江游轮、野玉海低空飞行、小火车等新业态、新项目27个，体育旅游产业发展基础得以进一步夯实。

着力塑造体育旅游品牌。在2018中国体育旅游博览会上，中国凉都·六盘水牂牁江国际滑翔伞大赛入选中国体育旅游精品赛事，六盘水野玉海山地旅游度假区入选中国体育旅游精品目的地。近两年，成功举办了2019凉都·六盘水夏季国际马拉松赛、2019中国六盘水牂牁江国际赛艇大师赛、牂牁江国际滑翔伞邀请赛、

《谁是球王》全国青少年校园足球赛六盘水大区赛等精品体育旅游赛事活动，以赛事活动促旅游，有效助推了体育旅游融合发展。

大力营造体育旅游氛围。依托良好的体育旅游基础设施，紧紧围绕"月月有赛事，周周有活动"的全民健身要求，六盘水市组织开展了健身跑、健步走、广场舞、自行车、钓鱼、健身气功、陀螺、滑雪等丰富多彩的健身活动。打造以凉都体育中心和黄土坡体育中心为"双核心"，以县级场馆中心、健身中心和生态体育公园为重点，以街道、社区健身场所为基础的群众体育活动网络。在满足人民群众体育文化精神需求和运动健身需求的同时营造了全民参与健康运动良好氛围，有效带动了健身休闲消费，促进了体育旅游产业的发展。

加大体育市场营销力度。围绕长三角、珠三角、成渝地区等重点客源地，开展了系列夏季和冬季旅游营销活动，完成了上海、深圳、大连等30余个重点客源地旅游推介，按照"八个一"标准（围绕一场洽谈会、一个宣传片、一系列精品线路、一个指南、一个攻略、一套景区抖音、一系列腾讯宣传推送、一套优惠政策）全面推进旅游宣传。研发上线"玩转六盘水"智慧旅游App，成功与广之旅、上海春秋旅行社、贵州国旅等国内知名旅行商签订合作协议，通过其推广销售路径，植入六盘水市旅游景区、精品线路。通过国家、省级电视直播、召开新闻发布会以及邀请各类媒体参与等方式强化宣传，成功塑造了"清凉马拉松"和"南国冰雪城"品牌。实施入境和国内旅游奖励政策，对旅行社组织游客入境旅游分类别进行奖励，同时向对口帮扶城市以及港澳台居民实行门票优惠，大力培育入境旅游市场；出台本地旅游优惠措施，激发内生需求动力。

## 启示与思考

总体来说，六盘水市在体育旅游产业发展工作中采取了一些措施，也取得了一些成绩，但深知取得的成绩与国家和省级主管部门的要求相比还有很大的差距。下一步，六盘水市将紧紧围绕习近平总书记关于体育工作的重要讲话精神，抢抓贵州省创建国家体育旅游示范区机遇，克服体育旅游起步较晚、经费不足、人才缺乏、融合不够等问题，全面贯彻落实《贵州省

"十三五"体育发展规划》和《贵州省全域旅游发展规划》，整合体育旅游资源，加快基础设施建设，加速推动体育旅游融合发展，为推动六盘水决战脱贫攻坚、决胜全面小康、共享美好幸福生活做出新的贡献的同时还需加强以下几个方面：

1.开展多样化体育旅游项目。通过对比发展较为充分的体育旅游城市，六盘水市的体育旅游项目数量还不够，可以进行充分的规划和开发，打造一系列品牌知名度高、社会化程度高的体育旅游项目。六盘水市的群体体育旅游潜力巨大，但如何充分挖掘，这是需要思考的问题。当人均收入增加，旅游形式由观光旅游向休闲度假、体育旅游转变，六盘水市可根据夏季凉爽的气候条件，开展多样化的夏季避暑体育旅游项目，促进体育旅游产业的发展。

2.依托特色景点旅游资源，开发民族传统体育项目资源。开发旅游景点，科学规划旅游线路，使游客在一条旅游线路上能享受到更多的景点资源，依托特色旅游资源开发当地民族传统体育项目，如生态山寨吸引世界游客，挖掘整合民族传统体育项目，让游客享受美丽风景，体验独特民族生活，了解民族文化。此外，还可以依托著名景点移植开发民族传统体育项目资源，在著名景点可以展现附近民族传统建筑、生产生活工具等，游客不只是单调地观赏、拍照，而能更多地了解、体验、参与，民族传统体育项目是各民族长期生产生活实践的结晶，最能体现民族文化特点，通过游客的切实体验感受，游客收获会更多。

3.加强基础设施建设。从国内外体育旅游发展现状中可以看到，体育旅游产业发达地区，相关配套设施完善，给民众参与户外活动提供了场所，加大对当地景区的基础设施建设，建立相应的监督和管理机制，改善景区周边的交通环境，节约路上的时间花费，基础设施的改善有利于提升体育旅游产品的品牌效应，增强游客的用户体验。

4.各部门协调发展。旅游管理部门和体育管理部门联合主导并制定科学的发展政策，与市场充分融合，民间非营利性部门也可以参与。目前，体育事业主要由体育局和体育运动委员会来管理,涉及旅游的部分由旅游局管理,这就造成两个部门责权不明,部门之间融合发展存在问题,如何协调,共谋发展,这些都是需要解决的问题。可以学习省外先进的组织管理方式,结合六盘水具体情况,探索旅游体育管理和组织模式。

执笔:李乐京

# 体育之花绽放黔中大地
# 体旅融合助力脱贫攻坚

——安顺市2019年体育旅游发展报告

## 引 言

近年来,安顺加快推进国家全域旅游示范区创建,抓好旅游重点项目建设,以"旅游+"为引领,推动乡村旅游、运动体育、文化体验、房车旅游、研学旅游等不断发展,同时通过在旅游景区举办体育赛事活动,吸引游客的关注度,提升游客的体验感,进一步丰富城市内涵,优化城市旅游功能,塑造城市时代风貌;紧紧围绕大旅游、大生态、大扶贫战略,继续丰富旅游产品及旅游服务体系建设,不断加快推进乡村旅游标准化、精品化建设,优化利益联结分享机制,带动更多贫困户增收致富。

安顺旅游资源丰富,是贵州西线旅游的集散中心,有得天独厚的山地户外运动资源和自然美景,贵州的秀美山川、云端路桥、沟谷峰梁,是发展山地户外运动的不二之选。在"全域旅游"和"全民健身"两大国家战略背景下,加快推进安顺体旅融合、丰富旅游产品、拓展旅游消费空间、促进旅游体验升级,正在成为安顺市培育旅游经济、助力脱贫攻坚的新动能。

## 一、产业见成效　体旅焕新光

体育与景区融合。体育与旅游的结合是旅游在与其他业态结合中最容易的,体育为景区带来人气,景区为赛事提供优美环境;体育活动老少皆宜,旅游亦然;两种业态在全域旅游的大背景下撞在一起,"蝶变"是情理之中。在景区举办体育赛事和在景区建设体育训练基地是安顺市体旅融合发展实践模式之一。早在2006年,"万人奔向黄果树"长跑成为镇宁黄果树旅游节重要组成部分,也成就了今天的"镇宁·黄果树国际半程马拉松"赛事。黄果树的品牌效应让"镇宁·黄果树马拉松"走出贵州、走向世界,形成了安顺乃至贵州有一定影响力的年度体育赛事。近几年来,每年参赛运动员近万人,加上陪同亲属等,赛事期间到安顺旅游人数明显增加,对拉动旅游发展起到助推作用,让更多游客感受动感十足的体育赛事和奇山秀水的自然风光融合形成的新产品、新体验。

经过近年来的探索,安顺市紫云格凸、西秀区旧州、镇宁夜郎洞、龙宫等景区在开发旅游中置入攀岩、骑行、掷球、汽车拉力赛等赛事。体育与旅游融合的深度不断增加,格凸攀岩已成为在全国乃至全球有影响力的赛事,被诸多国外媒体称为国际攀岩"圣地"。2018年,格凸攀岩被纳入中国攀岩联赛第五站比赛。"一带一路"大师挑战赛融入安顺市旅游发展大会之中,成为旅游发展大会中亮点活动。中国登山协会在旅游发展大会上授予格凸"国家攀岩训练基地"牌子,这是安顺市继镇宁夜郎洞获得"全国掷球训练基地"称号之后,获得的第二个国家级体育训练基地称号,在体育旅游融合发展的推动下,攀岩体育特色小镇也即将实现。

体育赛事与文化融合。2017年,安顺市引入的环中国自行车公路赛落户西秀,"骑行去明朝"将环中国自行车赛事与屯堡文化相融合,"穿越历史、走进明朝"成为环中国自行车公路赛(安顺站)的标志和符号,最美骑行赛道穿越屯堡村落,仿佛穿越时空,600年传承下来的凤阳汉装和600年前的乡音,让安顺再次享誉海内外。骑行"山里江南"、走进大明屯堡成为环中国自行车赛中最让人留恋的一站,也成为户外骑行爱好者和广大驴友向往的目的地,"山里江南"旅游走红,体育赛事激发起旅游者前往赛事举办地进行体验旅游的兴趣,成为安顺新

的旅游休闲好去处。

体育赛事与城市融合。城市需要名片，更需要彰显个性和特色，体育赛事作为重大事件或特色事件。通过专项的赛事旅游开发与经营，使举办地获得更大的知名度和综合效益，张家口的崇礼区，一个不到3万人的小县城，因成为2022年北京冬奥会的举办地而名场天下，以赛事擦亮城市品牌已成为共识，"攀、跑、骑、跳"赛事的举办，让更多的户外运动爱好者成为宣传安顺的媒介，也让更多的人更加认识安顺、了解安顺。安顺不仅有黄果树、有龙宫、有山里江南、有格凸河、有屯堡文化，还有"格凸攀岩""镇宁马拉松""坝陵河大桥跳伞""骑行去明朝"等名片。

赛事与地标融合。坝陵河大桥上的低空跳伞项目是安顺拥有全球知名度的体育赛事。"世界度假村，天下黄果树"不再是一句宣传语。更多的旅游者正在被安顺户外旅游资源吸引。云端路桥、山川河谷展示了安顺的自然美景，更展示了贵州改革开放40多年来在交通、旅游等领域取得的丰硕成果。随着山地户外旅游增温，体育旅游示范区的建设，安顺山地户外资源优势也在不断彰显。2018年"山里江南杯"中国黄果树汽车拉力赛，参赛选手对安顺龙宫的赛道称赞有加。按照体育旅游示范区建设方案，安顺在山地户外运动中将重点发展极限运动，体育与地标的融合会更多，更多极限运动项目也将会落户安顺。

赛事与旅游节庆融合。《旅游资源分类、调查与评价》中，把地方性体育健身比赛、以竞技活动为代表的民间健身活动与赛事、以定期和不定期的体育比赛活动的节日为代表的体育节，都认定是旅游资源。体育赛事活动对于旅游业不仅仅是一场单纯的竞技赛事，更是旅游胜地盛大的节庆活动。在旅游消费结构日趋多元化的背景下，旅游者的消费需求更偏重参与性和体验性，体育赛事的注入恰好能满足这种消费需求，以户外运动等为代表的体旅融合区别于传统景点式观光旅游消费业正在蓬勃发展。而且，与传统观光旅游相比，体育旅游具有参与群体更广泛、消费需求更多元、客户黏性更高等特点。

安顺有着多元的文化，民族民间节日丰富多彩。苗族"四月八"、布依族"六月六"、屯堡"抬汪公"、仡佬族"吃新节"等民族民间节日与传统的春节、元宵、清明、端午、中秋等节日节庆活动中，都有一些民族民间体育运动，在举办大型民族民间活动时植入大型体育赛事，促进体育旅游文化融合发展。

## 二、融合多元文化　凸显山地户外

大力彰显特色名片。"瀑乡安顺""诗画龙宫""神秘格凸""大明屯堡"等安顺名片虽然有了一些知名度，但和一些全国重点旅游景区景点相比较，除了黄果树，安顺的其他名片还不够响亮，安顺特色未得到充分彰显。近年来，"攀、跑、跳、骑"等体育赛事的举办，对促进旅游产业发展有了明显的效果，但还未形成产业链，山地户外体育运动与旅游融合还处于试水阶段。对于山地户外旅游与山地户外体育，安顺已找到了契合点，如何与文化、民俗、民族风情融合成为整体发展的面，则是当前需要探索和思考的重点。

深度融合赛事与旅游。安顺拥有最好的山地户外体育旅游资源，但体育旅游产品供给与资源拥有量不相称，与当地拥有的生态、文化资源不匹配，无论是从自然资源还是人文特色看，目前，对于山地户外运动、山地户外旅游、山地体育赛事等体旅产品的开发都还处于起步阶段，与当前的体育旅游市场需求不适应。真正实现体旅融合，要考虑以下三点：一是要持续举办好已有一定知名度的"攀、跑、跳、骑"赛事活动。二是在此基础上提升赛事的级别和内涵，如现在已提出的将"镇宁·黄果树国际半程马拉松"升格为"安顺·黄果树国际全程马拉松"，在举办"中国黄果树·坝陵河大桥跳伞"时增加"坝陵河峡谷马拉松"并与"黄果树啤酒节"融为一个时段举办，将"骑行去明朝"赛事路段扩大到普定、平坝、镇宁等，都是推进体旅深度融合发展的一些非常好的思路和点子。三是灵活用好景区优惠政策，对到安顺参加体育赛事的运动员、领队、教练及家庭成员实行景区门票减免优惠办法，增加景区人气，拉动旅游消费。2018"安顺百灵杯全国少儿围棋赛"有1100余名运动员参赛，陪同人员达到2400余人，如果实行景区门票优惠，将有大部分人在安顺多逗留2~3天；2019年"镇宁·黄果树国际半程马拉松"参加人数9800多人，如实行景区门票优惠，将会增加部分家属前来陪同参赛和旅游的情况，运动员也会多在安顺逗留。

## 启示与思考

1.政策保障是前提。以习近平总书记为核心的党中央把体育作为中华民族伟大复兴的一个标志性事业。2014年,《国务院关于促进旅游业改革发展的若干意见》倡导"积极推动体育旅游,加强竞赛表演、健身休闲与旅游活动的融合发展";2015年,《关于进一步促进旅游投资和消费的若干意见》鼓励社会资本大力开发滑雪、山地、养生等休闲度假旅游产品;2016年5月5日,正式发布的《体育发展"十三五"规划》提出将大力发展"体育+",与旅游部门共同研制《体育旅游发展纲要》,开展全国体育旅游精品项目推介,打造一批体育旅游重大项目。"十三五"规划明确指出,到2020年,全国体育产业总规模超过3万亿元,体育产业增加值的年均增长速度明显快于同期经济增长速度,在国内生产总值中的比重达到1%,体育服务业增加值占比超过30%,体育消费额占人均居民可支配收入比例超过2.5%。这对于安顺体育旅游产业融合发展,无疑是重要的战略机遇期。

2.时代机遇是关键。当前,要抓住"美丽乡村""精准脱贫""乡村振兴""小城镇建设"等时代机遇,规划好、建设好体育旅游基础设施,让城市乡村全方位融入体育旅游示范区和全域旅游发展之中,使体育旅游深度融入社会经济发展之中,成为助力脱贫攻坚、建设富美新安顺的新动力。

3.优势资源是核心。发展山地户外体育旅游,安顺具有资源优势。一是自然资源优势突出。全市风景区面积占辖区面积的12%以上,远高于全国1%和贵州省4.2%的比例;旅游业发展居于贵州龙头地位,拥有黄果树和龙宫2个首批国家5A级旅游景区,拥有格凸河等8个国家4A级旅游景区;空气质量优良率常年保持99.8%,年平均气温14.2℃,是国家最早确定的甲类旅游开放城市、中国优秀旅游城市、中国最美丽城市、中国十大特色休闲城市、中国最佳避暑旅游城市、中国最佳适宜居住城市。二是人文资源底蕴深厚。安顺建城至今630余年,拥有屯堡文化、穿洞文化、夜郎文化、牂牁文化等独特的历史文化遗存,有"亚洲文明之灯"普定穿洞古人类文化遗址、"千古之谜"关岭"红崖天书""世界唯一"的明代屯堡村落、"中国戏剧活化石"安顺地戏、"东方第一染"安顺蜡染。43个少数民族在此聚居,民族风情浓郁淳朴。安顺境内是喀斯特地貌发育最成熟、最典型、最集中的地带,是山地户外体育运动的不二之选。

执笔:张春艳

# 抢抓加快旅游业发展机遇 构建毕节体育旅游品牌

## ——毕节市2019年体育旅游发展报告

### 引 言

在世界经济高速发展的当今时代，体育产业也在世界各国飞速发展，我国体育产业在此大背景之下也得到了快速发展，并且展现出诱人的发展前景。但是，就发展内容来看，我国体育产业主要以体育用品业为主，作为体育产业核心的体育服务产业的发展还需要进一步加强。基于目前我国体育产业出现的局限性，体育产业与旅游资源的融合发展便是一条共赢的发展道路。2014年10月20日，国务院《关于加快发展体育产业促进体育消费的若干意见》（以下称《意见》）正式印发，标志着快速发展体育产业，促进体育消费已经上升到国家层面。《意见》中提出"促进体育与旅游……的综合发展、融合发展"的要求，在中国体育产业探索如何上规模、调结构、促消费的现状下，研究毕节市体育旅游发展具有重要意义。2019年3月，贵州省人民政府办公厅出台了《关于支持毕节市加快旅游业发展的意见》，毕节市应抓住这一难得机遇，快速发展体育旅游产业，除了促进体育和旅游本体的内生发展外，更重要的是要借助相关成熟产业的平台，互动发展。毕节市体育旅游发展是促进旅游资源开发和体育产业发展的一个必要和及时有效的发展途径。

## 一、毕节市体育旅游品牌构建

在网络信息化时代，毕节市体育旅游品牌形象的打造需要和体育旅游目的地的营销相结合，利用各大宣传媒体的即时通信功能，充分运用新媒体促进体育旅游营销的策略来推进毕节市体育旅游品牌形象的建设。结合当前毕节市体育旅游市场的目标定位、游客的需求、体育旅游资源的开发、体育旅游营销的模式、旅游者的需求以及社交媒体的特征等，构建了毕节市体育旅游品牌模型（图4）。

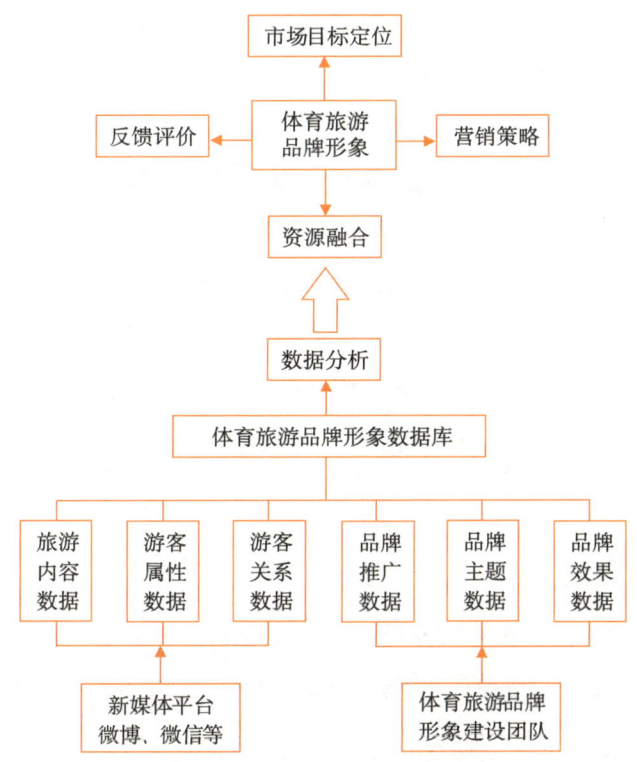

图4 毕节市体育旅游品牌模型

### （一）突出特色地域文化，强化品牌意识

体育旅游强调的是体育产业与旅游资源融合发展，如毕节百里杜鹃奢香军营山地公园步道和百里杜鹃彝山花谷景区步道各15千米、七星关区城区倒天河沿线

步道10千米、金沙县大田乡新隆村—白泥村杜鹃花山步道和金海湖新区梨树镇上小河村步道各5千米等都是毕节体育旅游资源开发的内容，主要强调的是自然体育文化、体育项目、体育游戏等自然体育旅游资源。只有强调自然旅游资源，才能使体育旅游品牌形象具有地方特色，在体育旅游资源推动过程中才能吸引更多游客参与体育旅游。

体育旅游资源的开发，使全域化的旅游资源整合共享，形成一个完整的体育旅游品牌形象，注重品牌建设的丰富性与层次性，形成体育旅游品牌"形象制胜"的优势，激发消费者参与民族体育旅游体验的兴趣。在对体育旅游品牌的宣传上，应分析游客的需求，挖掘潜在的客源，确定体育旅游目的地的市场定位，依据市场发展的需求，制定有效的社交媒体营销策略，注重推送"一市一景""一市一品"的具有毕节市独特魅力的体育旅游品牌形象，并突出其余各类体育旅游品牌形象，如山地户外体育旅游品牌、养生休闲体育旅游品牌、民族风情体育旅游品牌等，使得消费者能够通过线上与线下了解毕节市体育旅游场景。通过各种媒体平台形成完善的毕节市体育旅游反馈、评价机制，通过收集旅游消费者的评价与反馈信息，及时调整营销策略，改进毕节市体育旅游目的地的服务措施以及调整体育旅游资源开发的模式，使得毕节市体育旅游品牌形象的构建不断成熟完善。

### （二）提倡健康意识，打造品牌形象

建立毕节市体育旅游对外宣传工作机制，以宣传部门为主，整合有关部门的人力资源，将毕节市体育旅游项目与传统媒体和新媒体有机结合，统一进行对外宣传。筹备对外宣传资金与开展全方位、立体化对外宣传手段，打造"健康第一""绿色第一""生态第一""趣味第一"等的毕节市体育旅游品牌形象。

体育旅游品牌形象往往是一定数量的片面形象的综合。毕节市体育旅游品牌形象的塑造、形成与推广是毕节市体育旅游市场定位与营销战略实施的关键环节。毕节市体育旅游品牌形象包含旅游者个人对毕节市所提供的体育旅游相关服务信息，如气候、环境、交通等的体验感受，同时也包括旅游者在毕节市期望得

到的体育旅游内容。因此，必须树立以旅游者为中心的观念，建立与旅游者良好的互动关系，为旅游者提供高品质的体育旅游服务，毕节市体育旅游产业才能获取长期的经济效益。毕节市体育旅游产业应加强体育旅游的可持续发展意识，塑造"健康养生""民族风情""生态旅游"等体育旅游品牌形象，实行"健康开发"，保持资源与生态环境的和谐统一。

## 二、毕节市特色体育旅游小镇发展模式

### （一）体育赛事旅游小镇

1. 以景区（点）为依托开发体育赛事旅游小镇

在对毕节市体育赛事旅游小镇进行开发期间，需以著名的景区（点）为依托开发体育赛事旅游项目。毕节市处于高原区域，山峰较多，山石与洞穴数量丰富，拥有较为良好的自然风光资源。当前，最为著名的景区（点）是百里杜鹃、七星关区等，可在其中创建体育比赛项目，在一定程度上可提升景区（点）的知名度，拓宽宣传渠道。在此期间，还可以形成体育比赛活动的宣传模式，使用科学的体育比赛设计方式对景区（点）进行合理的宣传，在科学研究与分析的情况下，转变传统体育赛事旅游项目的开发观念，更好地完成工作任务，以此提升整体工作效率与水平，达到预期的管控目的。

2. 以体育项目为依托开发体育赛事旅游小镇

在开发体育赛事旅游小镇期间，可以体育项目为依托开展比赛活动。近年来毕节市参加省运会、民运会等大型体育比赛项目取得可喜的成绩，应借此大力宣传和开发毕节市体育旅游，加强毕节市的体育赛事项目的开发。在此期间，可结合市场营销学理论知识与体育竞技知识等进行宣传与改革，保证更好地针对毕节市体育赛事旅游小镇进行合理开发与利用，充分借鉴先进工作方式，积极促进和推动毕节市体育赛事的发展，以此提升整体工作效率与水平，满足新时代发展背景下的需求，促进毕节市体育赛事旅游小镇的快速进步。

### 3. 以自然资源优势为依托开发体育赛事旅游小镇

对于毕节市体育赛事旅游小镇的设计与构建而言，需将自然资源优势作为主要内容，结合游客的好奇心理开发体育赛事项目和产品，培育品牌拓宽销售渠道。例如，毕节市可以使用洞穴与花景等资源创建比赛活动，在比赛的过程中应充分发挥自然资源的积极作用，在科学定位的情况下创建合理的体验发展模式，将体育比赛与体育旅游产品的开发联系在一起，充分发挥自然资源与原始风貌之间的融合作用，形成差异性的保护机制，减少人工比赛项目的开发，提升自然景观的利用率。同时，毕节市在山地方面具有特色优势，与其他大山相比较，毕节市的山区具有旅游功能，山峰较为壮观，虽然当地没有大江大河，但是水资源极为丰富，水质条件较为良好，可供游客游玩。应充分发挥当地自然资源优势，创建合理的山地体育赛事项目和产品开发与设计模式，在合理开发的情况下，全面促进当地体育赛事旅游产业的良好发展与进步，以此形成良好的运行机制与系统，更好地参与各方面管控活动。为了提升游客的满意度，毕节市还需要做好生态资源的综合开发工作，综合分析项目内容与参与特点，编制完善的综合开发设计方案，在科学合理研究的情况下，更好地完成当前工作任务，以此提升体育赛事旅游小镇的建设效率与水平。

### （二）休闲体育旅游小镇

#### 1. 休闲健身与养生文化相融合

为了更好地进行休闲体育旅游小镇的开发与设计，在工作中应促进休闲健身事业与养生文化之间的合理融合，结合人们日常生活中的养生情况进行产品的合理开发，将体育作为载体筛选最佳的健身方式，促进游客的参与。在此期间，应结合居民与大众的实际发展需求，寻找健康合理的运动方式，利用人们追求健康的心理，提升休闲健康产品的品位，并充分发挥体育运动项目的积极作用。例如，在休闲体育旅游小镇中，促进瑜伽运动与养生文化之间的融合，邀请养生专家或体育明星到旅游区域中，针对养生理论与休闲体育等进行介绍，不仅可以提升旅游区域的知名度，还能充分发挥体育休闲健身功能。同时，还可以将苗族、彝族、布依族等传统体育项目融入养生文化之中，编制完善的特色养生小镇开发方案，在合理开发的情况下解决当前工作问题，更好地进行管控与维护，以此提升各方面工作质量与水平，增强养生休闲体育旅游小镇的开发效果。

2. 温泉疗养休闲体育旅游小镇构建

在开发温泉疗养休闲体育旅游小镇的过程中，充分发挥毕节市的地热资源优势。经过调查得知，毕节市地热资源较为丰富，水质较高，其中含有很多微量元素。因此，在开发温泉疗养休闲体育旅游小镇期间，可借助温泉资源开展工作，形成良好的开发模式与系统，更好地完成当前工作任务。例如，利用民族村落等区域的温泉资源，开发温泉疗养休闲体育旅游小镇，拓宽规模并提升温泉旅游档次，保证基础设施的完善性与先进性，在一定程度上需针对温泉疗养休闲体育旅游小镇的项目进行开发与创新，结合当前开发模式与项目特点开展工作。在此期间，可以邀请知名专家到温泉疗养休闲体育旅游小镇中参与休闲活动，大力宣传温泉疗养相关知识，使得游客能清楚地认识到温泉疗养休闲体育旅游小镇的休闲养生特性，并积极参与各项活动，以免影响其长远发展与进步。为了更好地进行温泉疗养休闲体育旅游小镇项目的开发，在采用温泉养生休闲方式期间，还需为游客营造良好的体验氛围，使得游客在体验中提升满意度，塑造休闲体育旅游小镇的品牌形象，提升整体工作效率与水平。在开发温泉疗养产品期间，毕节市相关部门应树立正确的健康观念，加大整体开发力度，并结合当前的实际发展情况与特色资源进行合理的研究与分析，编制完善的战略规划与计划，全面提升整体工作效率与水平，以此促进毕节市休闲体育与旅游项目的良好融合，提升特色项目的开发效果与水平，优化新时期背景之下的开发模式，保证温泉疗养休闲体育旅游小镇的开发效果。

## （三）山地户外体育旅游小镇

### 1. 依托地域优势开发山地户外体育旅游小镇

对于山地户外体育旅游小镇的开发而言，在实际创建的过程中，应结合毕节市的山地优势进行合理开发与创新，并创建科学化与综合化的研究与开发体系，在合理分析与调查的情况下，提升整体工作效果。在此期间，可以进行山地户外旅游项目的开发与研究，更好地完成当前时代发展的工作任务。首先，结合山地优势进行资源开发，将登山运动与旅游事业联系在一起，组织游客开展登山活动，并创建专业化的登山旅游项目产品，结合游客的实际需求进行项目开发，确保项目的开发效果符合标准，达到预期的工作目的。其次，在开发项目期间还应创建山地户外运动与旅游之间的融合系统，因地制宜地开展管控活动，树立正确的观念，吸引山地运动爱好者参与到户外旅游活动中，总结丰富经验进行详细的研究与设计，增强管理工作效果。最后，在实际工作中应创建科学化与合理化的山地户外运动与旅游事业的结合机制，充分发挥毕节市山地户外资源的积极作用，形成良好的探险户外体育旅游小镇的构建效果。

### 2. 依托户外运动项目开发山地户外体育旅游小镇

对于山地户外运动而言，在开发与研究工作中应创建科学化与合理化的工作系统，明确毕节市的山地资源特点，并掌握具体数据信息，开展项目的开发与创新活动，以此提升项目的研制开发工作效率，优化整体工作模式与系统。在此期间，还应有针对性地开发不同类型的山地户外运动旅游小镇，如热气球运动小镇、登山运动小镇等，使得游客更好地参与其中，在拓宽户外体育旅游小镇营销渠道的情况下，提升毕节市户外运动体育旅游小镇的建设数量和质量。

### 启示与思路

1.观赏型民族体育旅游产品。观赏型民族体育旅游产品的实际意义更加贴合旅游产业，因为毕节市内部有多个少数民族，不同民族都有自身较为特殊的传统节日以及民族体育项目,这就使得相应的周边产品数量较为丰富,需要行业管理部门对具体问题进行具体分析,合理性制定相应的处理机制和管控措施,并且完善资源的开发力度和处理力度。

2.休闲健身型体育旅游产品。在毕节市内部,体育旅游产品的发展项目已经较为成熟,但精品化管理工作依旧存在一些问题,这就需要当地部门结合实际情况进行统筹管理,建立更加系统化的监督维护机制。毕节市在休闲健身类体育旅游产品管理工作中,要结合产品开发项目对主题形象给予关注。

3.竞技型体育旅游产品。在旅游产业和体育产业进行融合的过程中,不能完全忽略体育竞技项目的竞技价值。因此,在产品研发方面,也要融合相应的特点。目前,毕节市在基础建设方面投入力度更大,主要是将景点作为基础载体,借助自身项目优势和资源体系建立大型体育赛事,为地区景观宣传工作的优化提供保障,也能一定程度上完善旅游产业和体育产业的合理性优化,为后续建立健全系统化管理机制提供保障。

4.冒险类体育旅游产品。近几年,极限挑战类体育项目成为受人们追捧的项目,尤其是徒步冒险等。因此,毕节市结合自身实际地理条件和基本情况,对于体育旅游项目进行了全面升级。利用原始森林及溶洞项目建立野外冒险及寻宝基地项目,在有效吸引旅游者的同时,保证当地旅游产业和体育产业的有效融合。

执笔:杨乙元　黄　咏

# 产业融合助推地方经济社会发展

## ——铜仁市2019年体育旅游发展报告

### 引 言

"十三五"期间，旅游产业与体育产业作为两个重要产业类别，通过产业融合正在形成综合新动能。为了顺应时代的发展，铜仁市政府在"念好山字经、做好水文章、打好生态牌，奋力创建绿色发展先行示范区"的发展定位下，以优化全市体育基础设施为重点，大力实施"全民健身国家战略"。凭借梵净山这张亮丽名片，借助得天独厚的民族旅游自然景观和人文景观以及民族传统体育项目，通过打造生态体育公园、优化体育旅游供给体系、将旅游与健身休闲及竞赛表演有机结合等措施，走出一条健康运动产业与旅游产业融合发展之路，有力地促进了地方经济的发展。

## 一、围绕赛事 提升品牌效应

念好山字经，做大"登山赛"。借助梵净山世界遗产申报成功及国家5A级景区申报成功，不断提升赛事品牌价值及影响力。梵净山保存了世界上少有的亚热带原生态系统，拥有丰富的野生动植物资源。铜仁市每年成功举办的梵净山登山大赛，让来自国内外1000余名参与者充分体验、感受了梵净山绮丽的自然风光和体育精神，实现以体育赛事为载体，打造具有全国乃至国际影响力的品牌赛事，倡导健康生活方式，实实在在念好"山字经"，以品牌促赛事，以赛事促发展。

做好水文章，抓牢"龙舟赛"。铜仁碧江区作为"中国传统龙舟之乡"，有着悠久的赛龙舟历史和广泛的群众基础。2008年以来，铜仁碧江区已连续10年举办国际龙舟邀请赛、中国龙舟公开赛、中国传统龙舟大赛等大型龙舟赛事活动。2018年中国龙舟公开赛（贵州·铜仁·碧江站）暨中国传统龙舟大赛，汇集了来自全国各地的数百支龙舟队，3000余名龙舟健儿竞逐锦江，吸引数十万名各地游客和群众现场观看。同时，铜仁碧江区还举办了贵州省2018年"水韵贵州·锦江马拉松赛"、2019年"7·16"全民游泳健身主题系列活动（铜仁重点会场）暨全国公开水域系列赛（铜仁碧江站）等赛事。

打好精品牌，做实"环梵赛"。每年一届的"环梵净山国际公路自行车赛"的成功举办，已成为国际性体育赛事品牌。2019环梵净山国际公路自行车赛（中国万山·朱砂古镇站）在万山区鸣笛开赛，本次比赛共有来自加拿大、英国、伊朗、白俄罗斯、比利时、俄罗斯、哈萨克斯坦、塞尔维亚、乌克兰、蒙古、中国11个国家20支车队、507名骑手参加竞赛，吸引了众多观众观看，国内各大知名媒体争相报道。该赛事的成功举办，进一步扩大了"生态骑行、醉美铜仁"的生态理念，促进了体育旅游融合发展。

## 二、强化融合　提升社会效应

做强体旅融合，明确发展新方向。近年来，铜仁秉持"跳出体育抓体育"的理念，围绕全市"一带双核"项目，强化"体育+旅游"，推进健康运动与休闲旅游的融合发展，大力发展自行车赛事活动，山地户外、越野、攀岩等户外健身运动。当今，体育赛事已经成为人们生活中的一项重要内容，对一个国家、一个城市的经济社会发展起着至关重要的作用。根据国家统计部门信息显示，大型赛事投入、综合价值和带动消费比例为1∶5∶3。以铜仁2018年环梵净山国际公路自行车邀请赛为例，此次铜仁市"环梵赛"实际投入380万元，沿河所产生的综合价值为2210余万元，活动本身拉动沿河经济消费1200余万元，其社会影响力与后续品牌效应有着重要的作用。同时，为解决群众去哪儿健身的

问题，铜仁市优化体育与健康融合发展，投入30余亿元资金建设能满足国际性赛事"奥体中心"，投入并拉动上亿元资金着力改善基层公共体育设施，推进全市3家大型体育场馆、12家中小型体育场馆面向社会低收费或免费开放，支持全市10个县（市、区）、169个乡（镇、街道）完善体育设施，完成各区20个"全民健身路径工程"、16个"乡镇农民体育健身工程"、115个"村级农民体育健身工程"、258个"民族自治县村综合文化服务中心覆盖工程"项目，制订出台《铜仁市体育局"村级农体工程"项目建设三年行动计划实施方案》，第一批118个项目已全部建设完成并投入使用。开展以"健康铜仁·快乐铜仁"为主题的足球赛、篮球赛等各类赛事活动，全面落实"全民健身国家战略"，实现全市经常参加锻炼人数比例达到33.38%。

## 三、抓好产业　提升经济效应

规范核心产业，助推体育事业新发展。加大对全市体育彩票销售点、体育商品零售、体育健身服务、体育教育培训等相关行业的管理，确保行业销售规范，科学管理。2018年，铜仁市通过完善营销网点、扩大销售规模、拓展营销手段、优化网点布局，共完成3.68亿元的销售任务，占年度基本任务的160%；通过办赛事，加大全民健身运动，实现体育商品销售额较快增长。2018年，全市新增各类体育教育培训、体育健身服务行业58家，进一步扩大了全市GDP增长，使体育产业成为拉动地方经济发展新的增长点。

扶持关联产业，助推体育事业新突破。重点建设梵净山户外运动基地群，形成以大明边城传统龙舟基地为龙头的锦江流域水上户外运动休闲带，构建了集体育休闲、旅游、娱乐为一体的特色山地户外运动和水上运动基地，打造精品赛事以中华传统龙舟大赛、环梵净山国际自行车赛等国际国内重大赛事，拉动全市数亿体育旅游消费。同时，不断推进康体运动产业发展，大力建设山地生态户外体育公园和健身步道，除"环梵赛"被列入中国体育旅游精品线路、"龙舟赛"被列入中国体育旅游精品赛事外，玉屏茶花泉被纳入2018年中国体育旅游精品线路，石阡佛顶山徒步穿越登山健身步道和碧江区锦江健身步道等5条健身步道，被纳入入贵州省山地户外运动精品线路。

拓展衍生产业，助推体育事业新高度。充分发挥体育协会作用，建立健全体育协会组织，同时，大力发展多层次、多样化的各类体育赛事活动，鼓励和支持赛事产业化、商业化运营，实现体育赛事效益最大化。此外，按照"政府主导、市场运作"的原则，铜仁市加强与相关体育外部专业团队的合作，将赛事业务进行整体或部分服务外包，走市场化运作模式，以提高赛事运营效率，提升赛事服务专业水平，同时，加强对体育衍生产业的培育，支持好社会力量办体育。

### 四、不懈努力　再铸辉煌

推动观念转变，促进产业创新。产业升级，观念先行。当前全球生态环境面临较大挑战，生态经济和绿色发展逐渐成为全球共识，我国近年来不断强化绿色发展理念，大力推进生态文明建设。铜仁市作为践行绿色发展理念的重要区域，通过产业融合不断促进产业创新升级。首先在观念上还需进一步树立科学、绿色、持续发展理念，以生态文明引领区域发展；其次还需大力推进产业结构调整，从源头上减负，通过关闭、搬迁、提升等方式淘汰一批落后产能，为后续发展预留空间；最后，促进服务业发展提速和结构优化，规划打造现代服务业和高新技术产业，发展旅游电商、体育旅游、生态旅游等业态，加速产业结构优化调整；进一步加强协作，推进共建机制，在体育和旅游发展的过程中需要依靠区域内各地各相关单位的通力协作，形成共建机制，共享发展效益。

优化基础设施，提升服务品质。体育旅游的发展可以让普通大众亲身感受生态魅力。首先是要加快基础设施建设，在此基础上打造富有吸引力的旅游产品，提升服务品质。对区域内外部交通条件进行优化，提升区域的可进入性、便捷性，紧抓高铁建设机遇，改善交通环境。在内部交通方面，尤其是重要的旅游资源聚集地周边的道路交通线路、泊车系统、智慧交通项目等，还需进一步合理规划设计。结合区域特点，打造富有特色的绿道系统，供体育旅游休闲专用，如预留健走、跑步、骑行等专用线路，为后续的体育赛事举办、休闲旅游开发打好基

础。除交通设施外,游客服务中心、智慧旅游系统、酒店设施、导览系统等方面也要不断提升,打造富有人文关怀的体育旅游服务环境。对从业人员开展培训,强化主人翁意识,结合本地资源特色,增强服务技能,提高服务水平,提升服务品质。

开创多元渠道,推进协作营销。产业融合背景下,可以开发多种新兴业态,打造特色体育旅游空间和区域。在当前体育旅游市场多元发展的情况下,产品的开发要紧随时代发展,关注消费者需求,开发满足消费者体验的产品和服务。各区域还需合力建设多种营销渠道,吸引客流,共同培育市场。借助互联网思维,积极开展产品的宣传和促销,融合线上线下多种方式,面向不同的消费市场,推广产品。从整体上打造体育旅游品牌,树立精品形象,培育精品项目。区域内,各部门、行业、企业要树立协作意识,共同维护和打造铜仁的品牌形象,将该区域打造成高质量的体育旅游目的地。

按照"精心书写多彩贵州体育事业新篇章"和"以山地运动、民族体育为特色抓好工作"的要求,认真念好"三子经"和努力实现"四个化":做实全民健身"里子",撑起竞技体育"面子",盛满体育产业"盆子";以及实现"体育生态化、生态体育化,体育旅游化、旅游体育化"。2019年,铜仁市将重点围绕群众体育旅游持续发力,不断推进体育旅游工作迈上新台阶,增强体育旅游的群众参与度:一是广泛开展群众体育系列活动,不断提升公共体育服务能力,不断增强铜仁市体育旅游吸引力。二是大力发展竞技体育,全心全力打造经典品牌赛事,吸引游客前来旅游参观。三是举办青少年U系列锦标赛,不断加强体育人才队伍建设,着力加快产业发展,围绕既定目标不断努力作为。四是加快生态体育公园项目建设,不断夯实全市体育旅游实体经济。

## 启示与思考

树立安全意识,时刻保障体育旅游安全。以"登山赛""龙舟赛""环梵赛"为代表的铜仁市体育旅游项目,都具有一定的风险系数,要求安保人员及安全管理系统要及时有效,做到安全、零失误。基础设施要及时地检查修理,避免器械因使用时间较长,出现螺丝松动、木头损坏、铁链生锈等问题。及时检修设施,避免意外发生。

丰富体育旅游项目,增加乡村体验趣味。铜仁是一个多民族聚集的地方,体育旅游的主题可以突出乡间气息浓厚的乡村体育娱乐氛围,可以让人们更多地感受回到农村的轻松和愉悦,让游客在参与乡村娱乐项目、体验乡村农事活动、接触原味乡间气息的过程中,有穿越时空的真实感,让成人回忆童年,让老人感怀过去,加大乡村体育旅游的开发力度,使游玩项目更具吸引性。

人性化设计体育赛事,满足不同人群需求。在举办体育旅游赛事的同时,要顾及不同人群的不同需求,大人小孩、青年老年、体力强弱及性别差异,按照这些不同因素设置项目的难易程度与强度。不同季节安排不同的体育项目,如夏季比较炎热,在项目开发的过程中要多安排水上体育娱乐项目,尽量把体育娱乐项目安排在凉爽的地方。

继续加强体育赛事与旅游产业的融合。结合地形和资源特点,串联起风景名胜区、自然保护区、各类公园及历史文化遗迹等,积极举办高水平体育赛事,开发具有丰富体验性、面向大众的各类体育活动,力争把铜仁生态体育旅游发展成为服务西部、辐射全国、影响亚洲的一流健康生态体育旅游目的地以及全国运动教育培训基地和赛事举办地,建成知名的体育旅游综合目的地。

执笔:李乐京

# 创新"体育+"模式 助力脱贫攻坚

## ——黔东南州2019年体育旅游发展报告

### 引 言

随着人民对高品质健康休闲生活需求的日益增长,近年来,国家决策层将现代服务业重要组成部分——旅游业和体育业的结合作为中国经济结构调整的关键一环来抓。"体育旅游"已成为社会各界关注的焦点。

按照"精心书写多彩贵州体育事业新篇章"和"以山地运动、民族体育为特色抓好工作"的总体要求,《贵州省"十三五"体育发展规划》(以下称《规划》)明确提出:"整合山地民族资源优势,推动山地体育旅游加快发展,力争到2020年每个市(州)建成一个富有特色的山地户外体育旅游休闲示范基地,打造贵州体育产业水、陆、空新亮点,开展全域体育旅游新局面。依托历史文化名镇、景区型小镇、主题型小镇,将体育与休闲、农业、文化、旅游有机结合,推动贵州山地民族体育旅游新发展。"

根据《规划》抓好"一市(州)一品牌,一县(市、区)一活动"的要求,为实现"体育生态化、生态体育化、体育旅游化、旅游体育化",黔东南州积极构建"体育+"或"+体育"的发展模式,营造脱贫攻坚、体育助力的良好局面,真正念好做实全民健身"里子"、撑起竞技体育"面子"、盛满体育产业"盆子"这个"三子经"。

## 一、博观而约：黔东南民族体育旅游资源丰富，可择其精要者而取之

2012年国务院2号文件《关于进一步促进贵州经济社会又好又快发展的若干意见》中明确指出："大力发展贵州文化和旅游产业，深入挖掘民族文化，做大做强旅游品牌，着力提高服务能力。"民族体育旅游是民族体育文化与旅游业结合的产物，国务院2号文件要求高度重视。

黔东南州少数民族人口占82%，是全国30个民族自治州中少数民族人口最多、比例最高的自治州，有苗族（42%）、侗族（32%）、汉族、水族等33个民族，是苗族侗族人口最多的自治州。黔东南州民族体育旅游具有自然禀赋得天独厚、多民族风情独具特色和"原生态"文化返璞归真、政策环境优越、区位优势明显等优势条件。

黔东南州各族人民在历史的长河之中用自己的勤劳和质朴创造出了蕴含着民族特色、原始质朴又不失趣味的民族传统体育项目，这些民族体育资源内容丰富、形式多样且具有广泛的群众基础，使黔东南州具备了打造民族体育旅游精品的巨大潜力。

黔东南州非常好地保护、传承和发展了少数民族民俗民间体育文化，不仅包括清水江、㵲阳河等流域的苗族划龙舟，黎平、从江的抢花炮，还包括舞龙舞狮、龙舟、漂流、侗族棋类等，其中斗牛、赛马、传统武术、民族舞蹈等在全国乃至全世界都有一定的影响力。民族体育项目不仅蕴含着少数民族生活的智慧，也彰显着民族文化的内涵，因此，黔东南州在民族体育资源开发中具有民族优势。

黔东南一年有民族节庆集会200多个，素有"百节之乡"的美誉，当地民族体育活动是民族节庆的重要组成部分，有影响力的民族体育节日有独木龙舟节、划船节、斗牛节、漂流节、摔跤节、花炮节、爬坡节等，展示了厚重的民族体育历史文化。在民族节庆活动上，苗族服饰（200种以上）和侗族服饰（约100种）进一步提升了黔东南民族村寨的民族体育文化内涵和魅力。

黔东南州以凯里、下司为核心的凯麻休闲度假和户外运动旅游区，已成为

黔东南州民族传统体育旅游品牌项目。麻江下司镇是贵州省第一个少数民族体育村，凯里、施秉、台江、榕江等地民族体育资源优势明显，每年能吸引几十万群众参加，是"观光游"向"体验度假游"转型的主要产品。作为全省试点和领头羊，黔东南州民族传统体育旅游发展潜力巨大，优势突出。民族体育项目特色突出、品质优良等正面的客体性元素为黔东南州的体育旅游品牌的后期提升奠定了良好的存在基础。

## 二、厚积而薄发：黔东南一直在打造"民族体育旅游节"推广活动

建设民族体育旅游示范区，黔东南州早有准备。民族体育旅游的开发离不开整个旅游业的大环境。从20世纪80年代开始起步的黔东南旅游发展已进入快车道。1999~2010年，黔东南州旅游接待人数和总收入持续快速增长，增速之快、增幅之大，说明黔东南州旅游发展成效十分显著，它已成为黔东南州经济发展的支柱型产业。黔东南州政府十分重视旅游业的发展，把"旅游活州"作为"六州战略"的一个战略重点，"四圈一区"区域经济发展格局中旅游经济圈就有3个，有力地推动了全州旅游业的发展。其中，使旅游成为黔东南的支柱产业、重要经济增长点和第三产业龙头的是黔东南州的八大产业政策之一。贵州省委、省政府提出了"文化、体育、旅游、宣传"四位一体的旅游产业发展模式，倡导开发休闲、度假、康体等多种旅游发展模式。2009年举办的首届贵州黔东南民族体育旅游节吸引了7万余人次参与。黔东南州民委在制定《黔东南州着力构建民族传统体育工作新机制》中明确提出要创新观念，将民族传统体育工作纳入民族文化产业序列着力打造；提出发展的具体思路，即将民族传统体育活动与民族传统节日、旅游宣传推介等活动有机结合，积极牵头协调文体、旅游和举办大型节庆活动的县、市有针对性地把民族传统体育项目列入活动统筹安排，使节日庆典活动与民族传统体育表演、文化娱乐有机结合。

黔东南州各级政府都十分重视各类资源的开发利用，借助本州丰富的户外体育运动资源和民族传统体育文化资源，挖掘了民族传统体育旅游资源，尝试性

地在施秉、镇远、雷山、下司和台江等地连续举办两届"贵州民族传统体育旅游节",成功开展了独木龙舟竞赛、漂流、露营、场地越野车表演、独竹漂表演、少数民族龙舟邀请赛、皮划艇、激流回旋、舞龙嘘花、斗牛和斗鸟等民族传统体育活动,有力地推动了民族文化、体育和旅游的深度结合,提升了黔东南旅游目的地的知名度和美誉度,为民族传统体育产业化做出了努力。

黔东南州所特有的独木龙舟和反排木鼓舞被国家民族事务委员会、国家体育总局定为"全国优秀民族传统体育项目"。雷山和镇远成功打造的"雷山全国牛王争霸赛"和"镇远端午龙舟赛"民俗体育赛事,曾被《贵州日报》和《黔东南日报》多次报道,造就了雷山和镇远的品牌影响。这为黔东南州后期民族赛马、舞龙舞狮、民族摔跤等项目的开发和宣传提供了借鉴与启示。多品种、多项目的民族体育项目的旅游开发整体提升了黔东南的旅游业地位。黔东南州抓住节假日等旅游旺季加大宣传,事半功倍地打造了当地民族体育旅游的新亮点。以黎平民族摔跤为题材的节目《摔》获得了2010年第7届贵州省民运会表演项目金奖。

民族体育旅游成为黔东南州打"差异"牌、走"特色"路的旅游发展战略选择。黔东南州各级政府借助本州丰富的户外体育运动资源和民族体育文化资源,挖掘了民族体育旅游资源,已在施秉、镇远、雷山、下司和台江等地连续举办多届"贵州民族传统体育旅游节",成功开展了独木龙舟竞赛、漂流、露营、场地越野车表演、独竹漂表演、少数民族龙舟邀请赛、皮划艇、激流回旋、舞龙嘘花、斗牛等民族传统体育活动,有力地推动了民族文化、体育和旅游的深度结合,提升了黔东南州旅游目的地的知名度和美誉度,为民族体育产业化做出了努力。相继推出了台江施洞独木龙舟节、镇远传统龙舟文化节、黎平摔跤节、从江花炮节、凯里芦笙节、麻江下司斗牛节、施秉杉木河漂流节和雷山爬坡节等民族体育旅游产品。黔东南州又推出全国独竹漂邀请赛、"雷公山之巅巴拉河之夏"自行车爬坡赛、竞速赛、黔东南中国"牛王争霸赛"、斗鸡、斗鸟、斗猪等民族特色体育赛事与民族文化、旅游相融合。

在2013中国体育文化·体育旅游博览会上,贵州省有13个项目入选中国体育旅游精品项目,入围率全国第二,而黔东南州就有5个项目榜上有名,入围率全

省第一，分别是施秉杉木河漂流节（十佳精品赛事）、自行车环骑黔东南（十佳精品线路）、台江施洞独木龙舟赛、镇远传统龙舟文化节和雷公山山地自行车爬坡赛5个项目。黔东南州中国体育旅游精品项目在全省乃至全国都名列前茅，反映出黔东南州的民族体育旅游发展潜力巨大。

贵州环雷公山超100千米国际马拉松赛事创办于2011年，至今已连续成功举办了八届，2012年荣获中国马拉松银牌赛事，2013~2017年连续五年荣获中国马拉松金牌赛事，在全国马拉松大家庭中独树一帜，成为国内外知名的山地户外品牌赛事。

## 启示与思考

1.以媒体综合塑造品牌形象。通过良好品牌形象的塑造和媒介多维信息传递，能够有效推动黔东南州民族体育旅游发展。如何发现并解决制约黔东南州民族体育旅游业发展的种种桎梏，形塑并提升黔东南州民族体育旅游的品牌形象，对传承和发扬民族传统文化，促进当地经济社会发展具有突出意义。

2.抓住时代机遇，创新发展载体。整合优势资源，大力开发民族体育旅游产品。要认清内部存在的不足和外部环境的挑战，因地制宜，选择几个好的项目重点开发，以点带面形成产业优势，这样才能促进黔东南州体育旅游业快速发展，对振兴地方经济，推动社会发展，都具有重要的现实意义。

3.重塑原生态体育旅游品牌。坚持原生态的传统体育旅游项目开发与品牌塑造是不容置疑的。"越是民族的就越是世界的"，在我国工业化程度持续提升的当今社会，人们从没有像今天一样向往蓝天白云的原生态景观。这一时代背景为黔东南州的民族体育旅游资源开发营造了良好契机。科学有效的民族体育旅游项目的开发，有助于当地在区域经济发展和民族文化交融等多方面实现共赢。

4.加强基础设施服务。重视体育旅游营销调研，逐步完善体育旅游产品服务。游客在游览完民族体育旅游项目后对当地旅游资源的总体印象，将是他们在今后传播黔东南民族体育旅游观点的主要倾向。通过调查发现，正面评价者认为景区消费定价合理、传统体育项目民族特点突出，认为黔东南州民族体育旅游开发工作做得不错。负面评价则是对配套服务设施和服务人员素质偏低抱怨较多，与当地人的语言交流不畅也成为游客普遍反映的一个问题。

5.扩大产业资源平台。体育旅游发展规模小、总量低，产业意识依然薄弱。丰富的民族资源是黔东南州民族体育资源开发的前提，形式多样的民族体育项目也为黔东南州提供了较大的开发空间。然而由于黔东南州在资源开发工作方面的力度不够，开发人员缺乏产业意识，导致民族体育资源没有得到应有的挖掘与开发。黔东南州民族体育开展形式也较为单一，缺乏创新性，没有将生态休闲文化与民族体育资源相结合。

6.培育专业人才体系。民族体育资源的开发目的在于发展黔东南州的旅游产业，而旅游产业的人才储备与其旅游业发展具有十分密切的联系。黔东南州在民族体育资源开发中的人员缺乏专业知识，没有认识到生态休闲文化理念的重要性，也没有能力将民族体育与生态休闲相结合，因此导致民族体育资源开发工作效率不高。黔东南州民族体育资源开发人员之中，了解生态休闲文化理念、精通民族体育资源开发的人员储备明显不足，而且了解和熟悉民族体育旅游市场的高层次专业人才也较少。

执笔：刘文燕

# 立足实际突出特色
# 不断探索体旅融合新模式

## ——黔南州2019年体育旅游发展报告

### 引 言

党的十九大报告指出要积极建设现代经济体系,培育和壮大文化旅游产业。随着经济社会的全面转型、全民健身工程的全面推广、"健康中国2030"国家战略的全面实施、精准扶贫脱贫攻坚战略的持续推进,体育旅游也成为我国产业结构调整过程中新的经济增长点。

近年来,作为西南出海的重要通道、西南地区连接"一带一路"建设的重要节点——黔南州,不断注重体育与旅游融合发展,将黔南得天独厚的自然旅游资源和少数民族特色的运动项目深度融合,积极打造"体育+旅游"发展新模式,逐步使体育旅游成为体育产业和旅游产业新的增长极,促进了黔南州体育与旅游的深度融合发展,成为黔南走向全国、走向世界的一张亮丽名片。推动黔南体育旅游产业从高速旅游增长向优质旅游发展转变,为旅游助力全州脱贫致富奔小康积极作为。

## 一、高位统筹　基层落实

党委政府的高度重视成为体旅融合的基本保证。黔东南州委、州政府高度重视体旅融合工作，《黔南州体育发展"十三五"规划》《黔南州旅游提质升级着力打造综合旅游目的地三年行动方案（2018~2020）》《关于印发黔南州促进消费实施方案的通知》等政策性、法规性文件均对大力发展体育旅游明确了方向、措施和办法。结合2018年机构改革，州委、州政府在贯彻中央、省机构改革精神的基础上，将文、广、旅、体职能进行了整合，新组建了黔南州文化广电和旅游局，并加挂黔南州体育局牌子，在全省创新了体旅融合的新机制，充分体现了黔东南州委、州政府领导对体旅融合工作的高度重视，为进一步统筹好体育、旅游资源并延伸到文化、广电领域，增强基层公共事业发展质量、促进体旅和文广融合发展提供了更加宽广的平台和空间，为体旅加速融合和快速发展奠定了坚实的基础。

## 二、纵深推进　体旅融合

丰富的自然资源成为体旅融合的先天优势。黔南州位于贵州中南部，南近邻两广，北紧靠省会贵阳，是贵州的南大门和西南三省通江达海的重要通道，省内首屈一指的高铁和高速公路网络为发展体育旅游提供了得天独厚的条件；黔南州年均气温16.6℃，被誉为"天然氧吧"，气候环境宜居、宜游，境内自然条件优越，为开展丰富多彩的户外休闲体育旅游提供了有力的支撑；黔南州是生物、植被、地理特征多样性的典型地区，如今"绿色"和"生态"已成为黔南的代名词，这为开展漂流、探险等山地型体育旅游活动提供了地形条件；黔南州共有布依、苗、水、汉等37个民族，少数民族占56.7%，少数民族文化悠久灿烂，特别是独具神秘性的少数民族特色体育项目，如荔波陀螺、都匀独竹漂、三都赛马、惠水赛龙舟等增强了山地型体育旅游的吸引力，是山地型体育旅游发展不可或缺的要素，每年吸引了国内外大量游客的参与，为体旅融合提供了丰富的民族文化内涵。

## 三、培育发展新动能 实现产业新升级

生态体育公园和户外运动基地成为体旅融合的重要平台。充分利用特色的生态环境,整合开发体育旅游资源,深入培育打造体育旅游平台,重点建设生态体育公园和户外运动基地,不断丰富体育旅游产品,实现优化升级。

一方面,积极申报创建生态体育公园。近年来,黔南州结合全省推动实施的"100个生态体育公园"和"绿色健身步道工程"工程,努力在景区引入体育元素和赛事资源,积极打造了一批体育旅游综合体。目前,已建成生态体育公园11座,在建23座;已建成体育旅游精品线路27条,其中省正式命名的9条;已建成健身步道18条,总里程300余千米。

另一方面,利用户外基地开展活动。目前,都市人群的旅游方式开始以观光旅游向追求休闲、娱乐为主的体验式旅游方式转化,黔南积极利用极具特色的喀斯特地貌,开发建立了一批山地户外运动基地,每年吸引了全国各地中小学生和广大干部职工到基地开展冬(夏)令营和拓展训练。目前,开展活动较好的基地有:龙里风之原青少年体育活动户外基地、惠水野梅岭森林公园青少年户外体育活动基地、龙里县自然之子青少年户外营地。

独具特色的户外赛事活动成为体旅融合的必要支撑。户外赛事活动的持续举办,不断擦亮了黔南户外运动品牌,为更多的户外运动爱好者搭建了平台,通过山地户外赛事活动的带动加上黔南优秀的旅游资源,有效推动了体育和旅游的融合,促进了当地群众增收致富。

首先,率先成立机构,大力打造山地户外运动。黔南州于2016年在贵州省率先挂牌成立了黔南州山地户外运动管理中心(隶属黔南州体育局下属事业单位),并于2018年和2019年连续在贵定、长顺两县成功举办了两届黔南州山地户外运动大会,每年参赛人数均达5000人以上,为推动山地户外运动和促进当地群众脱贫致富起到了明显的拉动作用。

其次,强化特色引领,打造山地户外健身品牌。近年来,黔南州按照区域布局,打造陆地一片、民族一线、水上一带的集户外运动、民族特色、旅游休闲于一体的国际山地生态旅游目的地。陆地一片:以山地自行车为主线超100千米骑行（龙里十里刺梨沟→贵定金海雪山花海→福泉双谷生态体育公园→都匀螺蛳壳高原茶山）。民族一线：以少数民族风情、两高经济带为主线的超100千米徒步穿越（都匀归兰山自然保护区→三都尧人山原始森林→荔波瑶族茂兰喀斯特地貌→平塘大射电天坑群）。水上一带：以区域河流风光为主线的水上运动（惠水涟江龙舟→都匀剑江龙舟独竹漂→三都都柳江龙舟→平塘玉水河水龙节→罗甸千岛湖水上马拉松）。同时，帮助和支持各县（市）体育部门积极创建和打造"一县一特"和"一县一品"的活动和赛事。例如，瓮安"多彩贵州"国际山地户外运动挑战赛、福泉"多彩贵州"山地自行车联赛暨国际山地自行车节等都已成为黔南州山地户外的品牌。

最后，不断丰富户外赛事内容和形式。近年来，全州利用景区、公园、旅游城市等开展户外赛事活动，极大地丰富了赛事内容，为打造黔南旅游品牌提升了知名度。仅2018年全州共组织开展各类体育赛事活动共计130余次，其中，州级举办15次，县市举办125次，国际级赛事8个，国家级赛事9个，省级赛事11个。例如，荔波全国皮艇球邀请赛、"多彩贵州，好花正红"惠水龙舟争霸赛、2018骑闯天路自行车挑战赛贵州龙里站、荔波月亮山徒步大会、2018CBSA中式台球中国大奖赛、"小康之约"2018荔波喀斯特马拉松赛、平塘"农商银行杯"中外搏击拳王争霸赛、中国乒乓球协会会员积分赛、2018全国藤球锦标赛、中国足协国际足球锦标赛、瓮安国际男篮巅峰争霸赛、荔波国际跳绳公开赛、长顺"贵阳银行杯"国际篮球嘉年华，等等。

赛事活动和景区旅游相结合成为体旅融合的基本形式。体育的典型特点是集聚人，举办体育赛事能够促使上千上万人因此集聚，而每个体育门类都有一个相对稳定的粉丝群，通过举办丰富的户外赛事活动，不断地带动了黔南旅游景点的消费。

第一，将大型赛事举办地放到景区或附近。例如，"中国贵州·黔南体育舞蹈（国际）公开赛"在都匀杉木湖生态体育公园附近举办、第十五届全国健身交谊舞锦标赛在千年古邑瓮安举办、"贵州动起来"系列体育赛事在贵定县金海雪山景区正式启动等，这些赛事的举办，每年都吸引了全国各地3000~5000名运动员参赛并到周边景区旅游观光，使赛事举办地取得了良好的社会效益和经济效益。

第二，积极打造休闲、康体、时尚、高端的体育综合体。中铁文旅投资建设的体育休闲小镇就是黔南州典型的旅游融合成功范例，该项目总投资68亿元，目前已投资43亿元，先后建成了NIKE运动营体育馆、麓岛体育会所、木球训练基地、健身步道、自行车道、足球场、篮球场、水上运动乐园、巫山峡谷空中溜索等，多次成功举办了"中国国际木球公开赛""第27届全国友好城市中老年人足球赛""中国山地自行车公开赛（龙里站）""贵州省首届山地半程马拉松比赛"等国际类、国家级、省级体育赛事，带动近万人参与其中。同时，举办了"全国青少年户外营地""贵阳生态国际文明会议龙里户外嘉年华""'多彩贵州'山地户外体育休闲节""纪念改革开放40周年画展活动""红牛现象音乐节"等近20次大型活动及数十场丰富的社区文体活动。

打造特色品牌成为体旅融合提质升级的重要目标。黔南将以服务经济社会发展为主线，以特色优势文化、体育、旅游资源为依托，以"季季有主题、月月有赛事、周周有活动、天天有健身"为载体，以打造实现文化、旅游、体育产业化发展为方向，以提升服务质量、营造大宣传、大营销氛围为路径，将"好花红"塑造成为"全国知名、全省响亮、全州认同"的文化体育旅游品牌，将黔南州打造成为全国文化、体育、旅游融合发展示范区和创新发展新标杆、新高地。

经过近几年的探索，黔南在"体育+旅游"深度融合方面做了大量工作并取得一定成绩，总体来说，体育旅游等新兴旅游业态还处于起步阶段，数量、结构、品质与新时期多元化的旅游市场需求不对应。因此，在下一步工作中，黔南将积极围绕做好规划、挖掘特色赛事活动、完善基础设施建设、培养山地运动管理人才等方面下功夫，有效把握资源的可利用性，抓住"旅游+"的关联性，提升"+体育"的黏合度，将"旅游+体育"的文章做成产业精品，做出市场效益。

## 启示与思考

体育旅游正在成为新的经济增长点、丰富人类体育文化生活的重要组成部分。体育旅游如何在新时代背景下发挥其在传承民族文化、打造文化品牌、推动产业结构升级转型等方面的作用，依然值得深入思考。

1. 以体育旅游为载体强化民族文化自信。黔南州境内，居住着布依族、苗族、水族、毛南族、瑶族等少数民族，其中水族端节赛马、布依族武术、毛南族猴鼓舞、瑶族陀螺是黔南独具特色民族体育文化名片。独特的异域风情、多元的民族文化正成为民族地区体育旅游可持续发展的核心要素。民族体育与旅游产业融合，降低开发成本，创新发展方式，丰富产品类型。目前，黔南州体育旅游产业开发主要集中于自然资源，应当分批次、有计划地对民族传统体育的历史文脉进行挖掘整理，充分结合乡村旅游、少数民族村寨旅游、传统节庆旅游等进行融合开发，塑造黔南州独具特色的体育旅游文化品牌，同时，开发过程中应重视民族传统体育的生产性保护与再生产，强化少数民族传统体育的文化自信。

2. 以产业开发为媒介平衡各种发展矛盾。习近平总书记在党的十九大报告中明确指出：进入社会主义新时代，我国社会主要矛盾已经转化为人民日益增长的美好生活需要和不平衡不充分的发展之间的矛盾。体育旅游也正成为丰富人们体育文化生活的重要途径。黔南州体育旅游应当立足全民健身、全民健康、精准脱贫的时代背景，从赛事参与主体、旅游产品营销模式、体育旅游产业开发的可参与性等方面，对于非运动员以及贫困人口进行全面考虑，充分发挥体育旅游在全民健身与精准扶贫中的积极作用，平衡体育旅游发展中存在的不充分、不平衡的矛盾。

执笔：顾晓燕　屈植斌

# 双轮驱动成就"山地牌"
# 体旅激情放飞"好动好玩"黔西南

## ——黔西南州2019年体育旅游发展报告

### 引 言

近年来,黔西南州充分利用丰富的体育旅游资源与优越的体育旅游产业发展条件,紧紧围绕以"体"促"旅"、以"旅"扬"体"的"体旅"融合发展目标,在《贵州省"十三五"体育发展规划》《贵州创建全国体育旅游示范区规划》指引下,"双轮驱动"体育旅游大发展。在"打好山地牌,走好山地路,打造山地体育旅游"为特色的思路下,黔西南州以举办国际山地旅游暨户外运动大会为契机,立足山地旅游资源,打造了一批山地特色运动休闲旅游景区集群,探索了一条集观光、文化、运动、休闲、探险等为一体的现代山地旅游发展新路,将体育旅游建设成为全省体育旅游发展的形象牌。黔西南州先进的经验与案例典范,为山地体育旅游产业发展提供了样本,为引领贵州体育旅游产业发展提供良好的借鉴。

当体育旅游从众多产业中脱颖而出,成为引领全州发展的形象牌,2018年的黔西南州,体育旅游经历了怎样的发展?正所谓"窥一斑而知全豹",让我们一起走进贵州省体育旅游,走进黔西南州。

## 一、强化顶层　科学规划

完善体育设施增动力。邀请国家体育总局体育科学研究所知名专家编制《黔西南州山地户外运动专项规划》，积极参与贵州省体育旅游发展规划工作，对户外运动资源进行合理规划，提出专业的项目建议；邀请如法国前总理、国际山地旅游联盟主席德维尔潘、韩国前总理李寿成、世界旅游组织荣誉秘书长弗兰西斯·弗朗加利等外国前政要、知名专家、学者传授经验，把脉开方。探索"政府主导、市场化运作"的活动举办模式。与国内知名的专业公司携手，合作举办赛事，学习借鉴赛事运作的先进方法和模式，不断提升组织赛事（活动）举办的水平和能力。

创新思路模式激潜力。以山地户外运动为突破，结合《贵州省生态体育公园100计划》，建设一批与当地旅游资源相结合，具有体育特色的生态体育公园。其中，兴义万峰林生态体育公园、贞丰三岔河生态体育公园、安龙笃山生态体育公园、兴仁放马坪生态体育公园等生态体育公园的建设使用明显拉动了相关景区的客流，带动了周边服务业。

协调发力产业新体系。黔西南州人民政府以生态体育公园建设为基础，根据各生态体育公园的特色合理布局，推动打造10个运动休闲特色小镇，并将特色小镇建设列入政府工作报告。"一县一品"对各体育旅游项目进行差异化打造，形成兴义市南盘江以垂钓、水上运动为特色的运动休闲特色小镇，兴义市万峰林以低空飞行、热气球为特色的运动休闲特色小镇，兴仁放马坪以滑草、风筝为特色的运动休闲特色小镇，安龙笃山以攀岩为特色的运动休闲特色小镇，贞丰三岔河以房车、露营为特色的运动休闲特色小镇，普安江西坡以山地自行车为特色的运动休闲特色小镇，晴隆二十四道拐以汽车运动为特色的运动休闲特色小镇，册亨万重山以高山滑草为特色的运动休闲特色小镇，望谟蔗香以野钓为特色的运动休闲特色小镇，义龙新区鲁屯以山地运动体验、棒垒球为特色的运动休闲特色小镇。通过对运动休闲特色小镇的打造形成项目多元的运动休闲旅游产业，带动周边相关产业的发展。

## 二、积极探索　提质增效

打造精品赛事聚人气。按照"依托资源、政府主导、市场运作、活动支撑、打造基地"的工作思路，依托山地户外运动专项规划，积极策划组织各类山地户外运动赛事活动，组织开展一系列在全省、全国乃至国际上都有一定影响力的山地户外活动，如2018年亚洲山地竞速赛、第26届全国攀岩锦标赛、山地越野跑公开赛、汽车拉力赛等系列山地户外运动赛事。2018国际山地旅游暨户外运动大会期间，黔西南州陆续举办了"全景贵州"女子国际公路自行车赛（义龙站）、晴隆"二十四道拐"中国汽车拉力赛暨汽车场地越野锦标赛、贞丰三岔河国际露营大会、兴义万峰林国际徒步大会、中国热气球表演赛暨飞行体验活动等山地户外运动赛事，吸引了6000余名中外运动员参加，展现了体育旅游的独特魅力。系列活动的举办为文体旅融合发展做出了新探索、构建了新业态、积累了新经验，实现了让体育动起来、文化活起来、旅游强起来、农村美起来、农民富起来的有机统一。随着持续举办有关赛事活动，各项山地赛事运动的专业性、影响力不断提高。这些活动的开展，不仅为黔西南州山地户外运动发展积累了扎实的基础，提高了黔西南州的知名度和美誉度，还逐步探索出了具有黔西南州特色的山地户外运动新路子。

强化品牌宣传扩影响。以举办赛事活动为切入点，积极抓好各项赛事活动的策划宣传，形成"以赛事促发展，以活动促宣传，以宣传扩大影响力"的工作机制。统一平台抓好宣传推介，以国际山地旅游暨户外运动大会为平台，依托中央、海内外、省内外各级主流媒体，体育专业门户资讯平台，持续宣传推介，形成铺天盖地的宣传态势，形成"一枝引领，百花争艳"的争比赶超氛围。目前，黔西南州有各类协会（俱乐部）50余个，户外运动形式多样、内容丰富、参与面广，群众参与积极性空前高涨，形成了"一石激起千层浪"的良好赛事氛围和宣传氛围。

发挥品牌效应激活力。以"政府主导、部门统筹、协会运作、广泛参与"为原则，按照《黔西南州山地户外运动专项规划》确定的规划布局，打造以自行车、攀岩武术、徒步、露营、热气球、野钓的经典户外休闲体育运动，凝练高品质的山地户外运动资源，结合旅游业发展推出精品山地户外运动休闲旅游产品和线路，打造具有国际品质的山地户外运动休闲胜地。通过实施"1+1+N"工程，黔西南州创造了体育旅游产业转型升级、融合发展，带动群众脱贫致富的"双赢"发展模式，2018年全州旅游收入达479亿元，共接待游客6000万人次，同比增长均超过40%，全年通过旅游带动4.12万人脱贫增收，为决战脱贫攻坚、决胜同步小康做出了积极贡献。下一步工作中，黔西南州将按照贵州省省委、省政府的工作要求，在州委、州政府的正确领导和省体育局的大力支持下，苦干实干，勇攀高峰，争取新的更好的成绩。

## 三、主动作为　重点发力

黔西南州位于贵州省西南部，是中国西部一颗耀眼的明珠。舒适的气候环境，优美的山地景观，悠久的历史文化和浓郁的民族风情为体育旅游提供良好的资源优势。黔西南州属中亚热带湿润气候，多年平均气温13.8℃~19.4℃，1月份平均气温4.5℃，7月份平均气温26.8℃，冬无严寒，夏无酷暑，体感舒适。雨量充沛，雨热同季，无霜期长，终年温暖湿润。对于爱好体育和旅游的人们来说，可谓是四季皆宜，更是全国有名的避暑胜地。"一山有四季，十里不同天"的立体气候，使这里能够满足多样性的体旅需要。

山水长卷，天然场馆。境内地势西北高、东南低，山峦起伏、河流纵横，山川秀美、景色迷人，素有"喀斯特心脏"之称，旅游资源极其丰富。国家级风景区马岭河峡谷、万峰湖、贞丰三岔河等秀美河湖，还有万峰林、仙鹤坪、安龙招堤、兴义云湖山等奇特山林，是世界锥状喀斯特地质地貌的典型代表地区，被称为"山水长卷，水墨金州"。境内山奇、水灵、谷美、缝绝、石秀，以万峰林为代表的2000多平方千米山地之内蕴含着丰富的山地资源，复杂多变的山地景观，宛如天然"运动场馆"，为黔西南州建设成为国内一流、国际知名的运动休闲旅游胜地提供了可能。

歌舞风情，文化体旅。黔西南州有着悠久的历史文化和浓郁的少数民族风情。"贵州龙"化石群、"兴义人"古人类文化遗址、夜郎文化遗址、南明历史遗

迹"十八先生墓""永历皇宫"和抗战公路遗迹"晴隆二十四道拐"、何应钦故居等古迹颇多，为黔西南州的旅游产业发展增添一份独特的历史文化底蕴。而丰富多彩的民族节日，如布依族的"三月三""六月六""查白歌节""毛杉树歌节"，苗族的"二月二"走亲节、"八月八"风情节、"采花节"（又叫"跳花坡"），彝族的"火把节"等传统节日为黔西南增添特殊的节日氛围。民族歌舞方面，彝族的舞蹈"阿妹戚托"被誉为"东方踢踏舞"，布依族的"八音坐唱"、布依铜鼓十二则、查白歌节、土法造纸、布依戏等更是被列入国家级非物质文化遗产，丰富多彩的民情活动，生动诱人的独特风情，为黔西南州以旅游推动体育产业发展提供更丰富的形式。

### 四、"创新融合"：群体竞体全面开花

黔西南州在推动山地旅游与户外运动融合发展、提升中国旅游业发展水平、展示"美丽中国"旅游形象等方面发挥了积极作用，已经成为展示贵州乃至国内外山地旅游资源、户外运动发展水平的国际化窗口之一。

群体赛事丰富多彩。一是组织开展了"健康黔西南"2018年"贵州动起来"红红火火过大年全民健身活动、2018"万峰林"杯QBA篮球联赛等影响力较大的群众体育活动；二是借助2018国际山地旅游暨户外运动大会平台，举办了"全景贵州"女子国际公路自行车赛、中国热气球表演赛暨飞行体验活动、2018第26届全国攀岩锦标赛、2018"海峡杯"女子垒球赛等户外运动赛事活动；三是在参加省第十届运动会中，96名群体项目运动员参加篮球、武术、健身气功等8个大项，取得11金6银8铜的成绩。

老年体育异彩纷呈。2018年全国老年人持杖健走交流活动，黔西南州老年人体育队获得手杖操规定套路和自编套路全国第1名的好成绩。2018年山西全国健身球操交流活动，获得女子规定套路优胜奖、最佳编排奖和最佳表演奖等多个奖项。另外，举办了2018年兴义城区老年人网球、门球交流活动，2018年黔西南州第32届老年人门球比赛，2018年黔西南州老年人健身球操、手杖操交流活动，极大地丰富了老年朋友的体育文化生活。

竞体成绩突飞猛进。一是在无体校、训练场地缺乏、教练员少的条件下，黔西南州凭借竞技体育项目在贵州省第十届运动会中摘取多个奖项，并向省体育队、国家青年队输送多名优秀运动员；二是组队参加2018年贵州省射箭冠军赛，获12金7银5铜，发挥了黔西南州重点项目的优势；三是组队参加2018年贵州省青少年锦标赛，在田径、拳击、武术、射箭等9个项目中获取殊荣；四是在2018年"海峡杯"女子垒球赛、2018全国垒球青年锦标赛和2018全国垒球锦标赛得到国家手曲棒垒球中心及中国垒球协会领导的高度评价。

### 五、"硕果累累"：产业升级带动增强

体育旅游体现体育与旅游全民参与的社会性，是积极向上的"健康"产业与旅游"美好"产业不期而遇后的完美结合，体旅融合带动了产业升级和区域发展。

体旅互促效益倍增。随着体育赛事的持续举办，贵州省各项山地赛事运动的专业性、影响力不断提高，成为推动贵州省体育和旅游产业走向全国、走向国际的重要平台。安龙"国家山地户外运动示范公园"挂牌后，成功举办了第三届国际山地旅游暨户外运动大会攀岩赛等高端赛事，吸引了全国各地的爱好者前来参与，攀岩公园里人山人海，赛事过后，来自周边县市的观光者依然是络绎不绝，每天有不少于4000人到此观光旅游。目前，每年有数万名户外运动爱好者走进黔西南州，开展山地体育运动竞技，体验黔西南州山地运动乐趣，加之其他形式的体育赛事和体育活动，极大地促进了赛事举办地观光、住宿、餐饮等相关产业的发展，体育旅游产业发展所带来的经济社会效益不断扩大。同时，旅游业的发展又促进了体育产业的市场化发展。

体旅投资蓬勃发展。一是完成了100公里健身绿道建设，为体育运动开展打好前期基础；二是启动实施10个运动休闲特色小镇项目，加快了体育旅游的深度融合；三是建成册亨县万重山生态体育公园，并获批省级生态体育公园项目；四是安龙笃山生态体育公园、兴仁放马坪生态体育公园设施进一步完善；五是完成8个乡镇级、60个村级"农体工程"建设，在易地移民搬迁安置点实施了10套"路

径工程"项目；六是实施包括不同级制足球场和县级全民健身中心在内的中央和省级预算投资项目24个，体旅融合设施体系基本形成。

体彩销售位居前列。2018年，黔西南州持续加大体育彩票宣传力度，优化销售组织管理模式，年度内完成5.2亿元的销售额，体育彩票销量在全省排名第三，市场份额全省排名第一，销售额为全州福利彩票的2.5倍，为黔西南州争取体彩公益金约2000万元。体育彩票销售的成功，与黔西南州体育旅游产业的快速发展密切相关，丰富的体育旅游资源、新型的山地体育旅游模式、形式多样的体育旅游活动成为黔西南州体育旅游产业快速发展的持续动力，在推动体育运动的同时为全州带来了巨大的经济社会效益。

内培外引新动能。为更好地宣传推介贵州贞丰三岔河国际露营基地，进一步提高三岔河国际露营基地的知名度，更好地扩大旅游市场，搭建招商引资平台。得到省、州体育部门的大力支援，在县委、县政府大力扶持下，成功举办了两届国际山地露营大会分会场活动、第二届黔西南州旅游发展大会及全省生态体育公园现场会暨观摩会。以第二届国际山地旅游大会为例，为期10天的活动行程安排，仅在三岔河露营基地举行的活动项目就有：乐驾风情音乐节、AMA亚洲国际超模模特大赛黔西南总决赛暨中国房产露营模特大赛、民族风情展演、篝火晚会、户外水幕电影展播等，其中体育活动项目包含有帐篷露营、攀岩、定向越野、CS野战、湖面皮划艇、水上独竹漂等，共计接待来自全国各地及国外友人约25万人次。露营基地按照一流标准建设，让游客近距离感受自然的拥抱、体验舒适的休闲环境、享受诗意的栖居。独特的设计风格和引人入胜的湖光山色，不断提升三岔河国际露营基地的知名度，不仅为贞丰三岔河旅游景区带来了直线上升的人气指数和社会经济生态效益，也为贞丰三岔河风景区做大做强奠定了良好的基础。

### 启示与思考

回顾黔西南州体育旅游产业发展的成功经验，既与区域气候、环境、景观和体育资源有关，更与科学的发展观、创新的发展理念和正确的政策导向密不可分。进一步促进贵州省体育旅游的发展，发挥体育旅游在全省体育和旅游发展中的引领作用，黔西南州的三点经验值得借鉴与思考：

1.始终"以服务人民为工作中心"。长期实施的农民体育健身工程，在为人民体育健身的广泛开展提供可靠保障的同时，也为体育旅游融合发展夯实了群众基础。黔西南州大力推进全民健身计划，在群众生活中树立全民健身理念，号召大家"动起来"，积极参与到群众体育、竞技体育、体育产业、体教发展等工程中；开展群众身边的健身赛事活动和多种形式的"体育+旅游"活动，将群众体育项目纳入综合运动会和竞技性的体育比赛，让群众广泛参与体育旅游计划和体育旅游事业发展，鼓励更多体育业余爱好者参与进来，形成体育旅游产业的群众化、规模化发展。

2.坚持"以助推脱贫为行动重点"。推进体育旅游产业扶贫，黔西南州安龙县开展"体育+旅游+扶贫"的实践探索。以安龙笃山生态体育公园为例，公园建成后，笃山镇梨树村和拉坡村这两个原本比较贫困的小山村，各家各户建起了农家乐、农家小饭馆，摆起了特色小吃摊位。在这之前这里的人均收入仅为5230元，到生态体育公园的游客每年仅1万多人次；项目建成后，人均收入达9450元，同比增长了80%，摆脱了贫困的生活。2017年1~11月，游客达到50万人次，同比增长了490%。在安龙县笃山镇建设安龙国家山地户外运动示范公园（生态体育公园），解决了梨树村、拉坡村及周边各贫困村将近410户1500人的就业问题。通过丰富"旅游+体育+扶贫"的活动形式，安龙县通过打造历史文化体验城、山地生态康养城、脱贫攻坚示范城"三位一体"融合发展模式，创新了旅游扶贫模式，体育旅游成为扶贫脱贫的重要途径和可资借鉴的独特经验。

3.强化"以体旅融合为发展动力"。增强区域持续发展能力。黔西南州"体育+旅游"的融合发展，是将丰富的山地资源转化为旅游产业发展优势的实践探索，正是因地制宜突出自身独占性、唯一性的资源优势，确立独特的"山地体育+旅游"定位，细化和丰富了体育和旅游产业的双重内涵，建设独特的体育旅游景观，开展独特的体育旅游活动，做好"山地旅游+"的大文章，培育和塑造体育旅游品牌，从而形成区域可持续发展的动力。

  体育旅游目前在整个国内都还属于新兴产业，仍处于培育和起步阶段。未来应加强体育与旅游两种业态融合发展的基础研究和创新实践，进一步丰富贵州省体育产业和旅游产业体系，提升贵州体育旅游品牌的国际化影响，通过优化政策供给带动贵州省体育产业、旅游产业和其他相关产业的大发展，形成规模化、区域化的经济效应和社会效应。

执笔：姚　旻

# 发展体育事业 推动体旅融合
# 打造生态体育旅游新区

## ——贵安新区2019年体育旅游发展报告

### 引 言

　　山水之都·田园之城——贵安新区，是2014年1月6日国务院批复设立的第八个国家级新区，位于贵州省贵阳市和安顺市接合部，规划面积1795平方公里（其中直管区470平方千米），涉及贵阳、安顺两市所辖4市（区）21个乡镇。交通区位优越，生态环境良好，旅游资源丰富。作为黔中经济区核心地带，承载着西部地区重要经济增长极、内陆开放型经济新高地、生态文明示范区三大战略定位。2015年6月17日，习近平总书记视察贵安新区并作出"新区的规划和建设，一定要高端化、绿色化、集约化"的重要指示。

　　近年来，贵安新区充分发挥道路、生态、公园、绿地、健身步道等山地户外运动资源优势，开展新区全域体育旅游创建活动，积极承办与旅游相结合的户外健身运动和竞赛活动。通过实施"体育+旅游"发展，探索集"旅游、体育、休闲、度假、养生"功能于一体的产业融合发展模式，为贵安新区体育旅游发展拓展更广阔的业态空间。

## 一、规划引领　政策激励

推进新区文化体育设施布局规划编制，完成编制贵安新区全域旅游规划，着力打造生态文化体育旅游新区。加快推进健康贵安建设，结合新区发展实际，将落实《全民健身计划（2016~2020年）》（国发〔2016〕37号）、《贵州省全民健身实施计划（2016~2020年）》（黔府发〔2016〕26号）、《贵安新区直管区全民健身实施计划（2016~2020年）》（黔贵安管办发〔2017〕13号）及《贵安新区国民经济和社会发展第十三个五年规划纲要》（黔贵安管发〔2016〕11号）等文件要求作为发展体育事业和体育产业的主攻方向。

加大体旅招商力度。按照新区"广招商、招大商、建城市、聚人气"的工作部署，加大文化体育、健康养生项目招商引资力度，积极推动足球产业和文化旅游项目落地。印发实施了《贵安新区2018年产业大招商突破年行动方案》（黔贵安委办发〔2018〕49号）、《贵安新区"建城市、聚人气、广招商、招大商"若干支持措施（试行）》（黔贵安委办发〔2019〕6号），编制了《贵安新区产业招商总体规划指引报告》，鼓励和引导社会资金进入体育市场，发展健身休闲、竞赛表演、技术培训等主体产业和开展城市社区体育服务。

## 二、夯实基础　培育品牌

加快完善体育健身设施。新区实现了教育部门和体育部门的有机整合。在贵安新区花溪大学城集聚了贵州师范大学、贵州财经大学、贵州医科大学、贵州中医药大学、贵州轻工职业学院、贵州民族大学人文科技学院、贵州城市职业学院、贵州大学明德学院等高校，集中拥有体育场馆和体育学院。新区体育健身设施快速发展，经统计，截至2018年年底，新区直管区范围内共有体育场地350个，场地面积734165平方米，人均体育场地面积为2.04平方米，包括室外体育场地有273个、面积598443平方米，室内体育场地28个、面积98448平方米，足球场地6个、面积30840平方米等。与贵州师范大学合作建设国民体质测定与运动健康指导站，目前新区已实现乡镇及保留型行政村农体工程全覆盖，各安置社区体育健身设施全覆盖。

积极开展群众体育。组织开展第四届民间民族文化艺术节、"新时代迎新春大扫除"文艺汇演、趣味运动会、"不忘初心 牢记使命"全民健身跑等全民健身活动。承办了"庆祝改革开放40周年·多彩贵州有多彩——贵州首届大学生民族歌舞大赛暨花溪大学城第五届文化艺术活动月"活动。支持高校、乡镇、社区开展"文化艺术月""三月三""六月六"等文体活动。抓好社区体育、职工体育、妇女儿童体育工作，开展丰富多彩富有民族传统特色的群众体育活动，扩大体育健身人群。

积极举办竞技体育。充分发挥山地户外运动资源优势，开展新区全域体育旅游创建活动，积极承办与旅游相结合的户外健身运动和竞赛活动。2018年贵安新区积极组织参加省第十届运动会，共计派出219名运动员参赛，参与17个竞赛项目，群众体育组共取得了8个项目冠军，17个项目亚军，19个项目季军的良好成绩。积极组织参加第九届贵州省少数民族传统体育运动会。新区共派出秋千、押加、板鞋、蹴球4支代表队、28名运动员参加此次少数民族传统体育运动会，获奖项目6个。承办了2018年"全景贵州"女子国际公路自行车赛。旨在通过品牌赛事传递贵安秀美的自然景观和浓郁的民族文化，打造体育旅游升级版。

培育规范体育市场。采取"市场化运作、多方参与、适度补助"的模式，充分用好云漫湖和月亮湖生态体育公园，支持举办自行车骑行、环湖体育运动等具备影响力的竞技体育赛事。鼓励企业举办足球赛、摩托车、自行车、铁人三项赛等商业性赛事，打造有影响有特色的赛事品牌。借助专业的足球经办机构，在贵安实验小学、北大培文中学等学校实施足球进校园，成立贵安新区校园足球协会。在花溪大学城贵州师范大学成立了足球学院。加强与贵州医科大学联合，积极推动青少年攀岩、轮滑户外运动开展。截至2018年年底，新区共有体育及相关企业71家。

## 三、多元发展　高端起步

打造体育旅游的坚实堡垒。贵安新区坚持以"高端化、绿色化、集约化"的高标准高要求，走出了一条文化旅游的融合发展之路。良好的生态环境和不断发

展的文化体育事业,从自然生态的乡村旅游,到风生水起的户外运动,低碳休闲理念在贵安新区逐渐深入人心。近年来,在政策红利的推动下,"体育+旅游"融合发展日趋愈烈。它既是群众生活水平提高和消费观念进步的表现,也是全民健身理念深入人心的最好证明。

完善管理体制机制。深入推进新区旅游供给侧改革,努力打造全域旅游示范区,坚持五大新发展理念,以旅游供给侧改革为主线,不断优化新区全域旅游总体布局,加大中高端体育旅游产品有效供给,创新与旅游监管服务体系,全面提升旅游现代化、国际化、品牌化水平,将新区打造成兼具山地旅游集散中心功能的全域旅游示范区和国际知名旅游目的地。新区全面优化大旅游总体布局,按照"全域生态化、全域景观化、全域特色化"思路,发展教旅型、工旅型、农旅型、文旅型、会展型、欢乐度假型、休闲观光型"七型旅游"。提高体育旅游行业管理水平,建立完善旅游景区企业产权制度,实现所有权、管理权和经营权"三权分离";健全体育旅游发展考核评价体系,把体育旅游发展情况纳入新区经济社会发展总体目标责任体系进行考核,强化目标任务分解,完善新区体育旅游监管服务体系和质量标准体系。

搭建体旅发展新阵地。在"山水之都·田园之城"主体品牌下,贵安打造了一系列世界级旅游子品牌的创新IP模式。"十三五"期间,贵安新区上下紧扣体育产业发展,基础设施建设及加大招商引资力度,大力推进体育旅游项目建设,以贵安特色旅游活动产品为载体,构筑山地旅游产业集群,推进一批樱花公园、民博城、月亮湾农旅示范园、温泉小镇、开元森泊度假村、VR小镇、方特主题乐园、世贸集团"科幻小镇"等项目建设。探索一批"众筹小镇"等创新模式项目,探索旅游商业新模式,促进政企融合发展;启动"众筹小镇"项目,挖掘PPP、基金、众筹等多种投融资模式潜力,同时借助体育旅游优惠政策,充分撬动社会资本参与新区建设,盘活新区闲置体育产业,形成体育旅游产业新的增长点。整合体育旅游资源,充分挖掘体育文化符号,引进先进思想和文化,进一步做好新区山水田园文章,挖掘本土文化和民族文化,集中打造3~5个民族体育文化示范村和体育旅游文化品牌。

落实全域发展新理念。大力推进国家全域旅游示范区创建，以旅游供给侧改革为主线，不断优化全域旅游总体布局。坚持"全域联动、特色导向、创新发展"，立足全域统筹和产业跨界，推动体育与旅游、农业、科技、文化等领域结合，构建"体育+"融合共享的综合体系，满足多元化消费需求。

### 启示与思考

贵安新区围绕探索集"旅游、体育、休闲、度假、养生"功能于一体的体育旅游发展模式，着力打造"生态文化体育旅游新区"，支撑打造黔中世界级黄金旅游带，贵州旅游服务集散地，为贵安新区乃至全省体育旅游发展注入了新活力。新区在坚持"高端化、绿色化、集约化"发展理念下，为加快推进体育旅游发展取得了积极成效，并提供重要的经验启示：

坚持生态文化体育旅游发展。一是充分用好规划建设的云漫湖、月亮湖、七星湖、北斗湖、星月湖、金牛湖、弘文湖等景区公园，进一步植入完善体育健身内容，培育体育赛事品牌，拉动体育旅游产业发展。二是加快落实全域旅游规划和文化体育设施布局规划，合理利用景区（点）、公园、园区、特色小镇、美丽乡村、绿化步道等文化旅游体育资源，精心设计打造一批山地户外体育旅游线路。三是加快引进文化体育旅游标志性企业，推进一批体育旅游重大项目建设，包括足球产业基地建设、山地户外运动基地建设、体育运动训练竞赛基地建设等，为体育旅游融合发展提供支撑。

执笔：刘嘉怡

# 理论篇

LI LUN PIAN

# 贵州省民族传统体育与体育旅游融合的探析

**摘要**：贵州省民族众多，民族传统体育是贵州省丰富的体育资源，也是文化旅游资源，如何将贵州省丰富的少数民族传统体育和体育旅游资源融合起来，对于促进贵州省民族传统体育的规范化、现代化以及对贵州省特色体育旅游产业的发展具有十分重要的意义。本文采用文献资料、调查访谈等方法对贵州省的民族体育特色资源进行分析，对贵州省体育旅游业的开发现状进行探索，在此基础上提出了开发贵州民族体育旅游业的几点建议，为贵州省旅游业的发展提供一定的依据。

**关键词**：融合；民族传统体育；体育旅游

旅游业是当今世界的重要产业，旅游业的迅速发展，势必要开辟更多的旅游资源。民族传统体育作为社会的重要组成部分，它不仅能丰富大众的娱乐生活，而且具有较高的观赏价值。特别是随着工业化和城市化程度的不断提高，人们想追寻返璞归真的生活方式。在这种情况下，民族传统体育旅游应运而生，成为近年来国际流行的一种旅游方式。贵州少数民族体育活动多如繁星，几乎每一个民族都有自己独特的传统体育活动。它与各民族的生产生活、宗教祭祀、社群娱乐和择偶求育等紧密相连，成为人们娱乐身心、促进健康、聚会交友的重要形式。随着贵州省将体育作为"五位一体战略"的实施及现代社会的发展，贵州的民族传统体育旅游在原生态文化的背景下迅速开展起来，形成了原生自然的特点，民族体育文化旅游越来越受到人们的青睐，因此，合理地开发利用贵州少数民族传统体育，对进一步推动贵州体育旅游业发展有很重要的意义。

# 一、贵州省民族传统体育旅游的特色

贵州是一个多民族的省份，全省共有49个民族，其中少数民族48个。世居的少数民族有苗、布依、侗、土家、彝、仡佬、水、回、白、瑶、壮、畲、毛南、蒙古、仫佬、羌、满17个，具有独特的地域和民族特色，拥有丰富自然的体育旅游资源及人文旅游资源，民族体育旅游资源具有原生态的民族特色，丰富、多样、广泛，从民族旅游和体育旅游的功能与价值上看，还表现出下面几个特性。

## （一）鲜明的民族性与独特的地方性

贵州少数民族虽多，但各地的少数民族都具有鲜明的民族性和独特的地方性，几乎每一个少数民族都有自己独特的传统体育活动，其形式多种多样，风格各异。如苗族的上刀梯、爬竿与侗族的抢花炮、拍纱球等活动从内容到风格完全不同。即使是同一项目，如龙舟赛、跳芦笙、射弩、赛马、斗牛、荡秋千等在多个民族中开展，但不同的民族特色鲜明地体现在这些体育活动中，包括参与的方式方法、评判方式、从事活动的目的等都不尽相同。就拿龙舟赛来说，有的是为了纪念战国时期爱国诗人屈原，有的是为消灾祈福、祈求风调雨顺，而贵州苗族一年一度的龙舟竞渡是为纪念传说中一个杀死恶龙的英雄。因此贵州少数民族体育具有鲜明的民族性。贵州地处云贵高原，境内山峦起伏，地貌类型复杂，沟壑纵横，山地与丘陵占全省面积的97%。生活在这里的苗族、瑶族、彝族多住在山上，仡佬族多居于山谷，布依族、侗族、水族大部分傍水而居。他们的居住地大多交通不便、信息量少，受经济自给性、地域封闭性的影响，生产力水平不高。在崇山峻岭、江河湖畔之间，养成了他们开朗豪放、勇猛顽强、不屈不挠的性格。贵州少数民族体育就是在这种自然环境和文化背景下形成和发展，有许多项目直接或间接来源于这里的特殊地理环境，使其具有鲜明的地域特点。例如苗族的上刀梯、射弩、爬竿，布依族的玩山、打篾球，侗族的游泳，瑶族的"擂山"打猎，仡佬族的爬坡等都与当地的地理条件有紧密的联系。而众多体育活动所表现的小巧、灵活、随意性也与当地"地无三里平"有一定的关系。如果能合理开发并形成民族体育传统旅游产业，则能使贵州少数民族体育旅游产业的这种地域性特征完整地展现在世人面前，也必然能够以其特长吸引更多的旅游者和参观者。

### （二）健身娱乐性

贵州少数民族体育，主要是以竞技和游戏两大类运动项目为主，在竞技运动中，参与者要承受一定的生理负荷，这就促进了体能的发展，增强了体质，如龙舟赛、抢花炮、推杆、摔跤等都表现出对力量、耐力与智力方面的要求。娱乐和游戏是人的本性，在贵州少数民族体育中，这种表演性、游戏娱乐性运动项目占了绝大多数。如舞铃铛、跳竹竿、跳花鼓、跳芦笙等多以集体表演居多，表现了较强的文体相融性。如舞龙、舞狮、踩鼓、打磨秋、打手键、放风筝，充分体现了古朴自然、生活气息浓厚、以人为本的特点，具有很强的健身娱乐性。

### （三）观赏性

贵州少数民族体育，很多都融体育、音乐舞蹈于一体，有的载歌载舞，体现出少数民族的热情奔放，有的惊险刺激、扣人心弦，体现出少数民族在险恶环境中艰苦卓绝的精神和倔强勇敢的性格。例如，布依族的舞龙在长号和唢呐、锣鼓的伴奏下，表演出盘龙、转龙、飞龙、跳龙、卧龙、翻身钻肚、二龙抢宝、滚动绣球等动作，表演惊险刺激，技艺高超。又如苗族的芦笙与形体动作融合，要求参与者在不停地吹奏芦笙的情况下边舞边奏，做出翻滚、倒立、吊挂、倒背等动作，动作节奏鲜明，刚柔并进。以上两项民族体育都具有很强的观赏性，使异地游客耳目一新，乐于观赏。

### （四）参与性

贵州民族体育的共同点是简单易学，只要想融入其中，只要想参与，都能找到适合的运动项目。如个人可进行的踢毽、打陀螺，两三人可进行的摔跤、打篾球、打"鸡"、扭扁担、推杆，多人共同参与的赛马、舞龙、龙舟、抢花炮等，此类活动参与者和观赏者众多，观赏者往往也能融入热烈的气氛之中。通过

接触，能使旅游者亲身体验贵州民俗的风情，感受贵州民族体育的情趣，能使旅游者获得与少数民族集体结识交流的机会，又能使其身体得到锻炼，精神得到享受，因此，广泛的参与性是贵州少数民族体育的又一特点。

## 二、贵州体育旅游资源开发的现状

当今体育与旅游的融合是一种趋势，体育旅游也已成为一种新兴产业。民族体育不仅是各民族创造出来的文化，也是一种资源，只有参与到社会经济文化的运动中，才能成为大众所喜闻乐见的艺术形式，在资源配置中实现自身的价值。在旅游业快速发展的今天，贵州省民族体育也走上了与旅游融合的路子，并在一些国家级旅游景区、红色旅游景区展示了参与性、娱乐性、民族性较强的民族体育传统项目。以下是贵州省主要少数民族地区体育旅游资源开发的现状。

### （一）黔东南州体育旅游资源开发的条件及现状

黔东南苗族侗族自治州，位于云贵高原东南边缘，东邻湖南，南接广西，与本省黔南、铜仁毗邻，境内山川秀丽，气候宜人，资源丰富，民族风情浓郁，是贵州的重点旅游地区，是世界乡土文化基金会确认的"返璞归真、回归大自然"的10大旅游胜地之一。随后又被联合国保护世界乡土文化基金会列为世界少数民族文化保护圈。其中历史文化名城镇远及古建筑群青龙洞，国家级风景名胜区㵲阳河、云台山、龙鳌河风光声名远播，雷公山、月亮山杉木河以其旖旎的自然景致让游客叹为观止，其体育旅游资源主要与民俗民风融合，形成最具有原生态体育旅游的典型代表。不仅有丰富的探险、攀岩、漂流、冲浪、野外生存、龙舟竞渡资源，更有具有"东方的迪斯科"美称的排鼓舞、板凳舞等原生态的文化资源，不仅有较强的娱乐性，更是全民健身的项目，是贵州省原生态体育旅游的经典线路。

### （二）遵义体育旅游资源开发的条件及现状

遵义市，位于贵州省北部，是中国首批历史文化名城之一，山川秀丽，风光独特，尤以山、水、林、洞为主要特色。被誉为"生物活化石"的国家级桫椤自然保护区的燕子岩是攀岩的好去处。以遵义会议及四渡赤水为代表的长征文化，让人们热衷于沿着红军长征的线路进行徒步红色旅游。遵义还开设了具有民族体育旅游特色的登山、攀岩、徒步、探洞、野营等活动。体育旅游的主要核心为有历史意义的红色旅游。

### （三）铜仁体育旅游资源开发的条件及现状

铜仁市四面群山簇拥，三面锦水拖蓝，具山城之灵气，集水乡之妩媚。著名的风景区为梵净山自然保护区。2005年，国家旅游局邵琪伟局长专程视察梵净山，对当地建攀岩基地、举办攀岩比赛发展旅游的做法给予了充分的肯定，使之成为攀岩爱好者的向往之地。龙舟竞渡，在铜仁俗称"划龙船"。为了进一步弘扬中华传统体育文化，打造铜仁市传统体育品牌，丰富市民文体生活，铜仁 年举行一次传统龙舟赛，扩大西部名城、"中国传统龙舟之乡"的社会影响。现在，铜仁已经举办了两届国际龙舟比赛，2009年6月，铜仁荣获"中国传统龙舟之乡"的称号，并且成为龙舟比赛项目培训基地。象征着团结、力量的龙舟竞渡也因此成为铜仁最悠久、最丰富、最具特色的民间传统习俗。自古以来，临水而居的铜仁人，水上行舟，运输、捕鱼是生活的重要组成部分。如今，垂钓、游泳、高台跳水、龙舟、漂流、独竹漂等水上运动依然是铜仁人最大的爱好和乐趣。

### （四）安顺体育旅游资源开发的条件及现状

安顺是国家最早确定的甲类旅游开放城市之一，2007年获"中国优秀旅游城市"殊荣。2009年11月6日，获中国国际休闲发展论坛"2009中国十大特色休闲城市"称号。安顺市以得天独厚的旅游资源成为贵州西线旅游中心。

黄果树瀑布、龙宫风景区、天星桥风景区、红枫湖等都为安顺体育旅游提供了丰富的资源。安顺为龙宫景区打造出"龙在故乡"全国舞龙精英赛，利用黄果树喀斯特地貌特有的青山、悬崖、洞穴、瀑布、丛林等景观设计登山、漂流、水上运动、划船、徒步、探洞、骑行、定向穿越，为紫云格凸攀岩推出特有的原生态攀岩"蜘蛛人"等活动，给游客的游览过程增添了美好的回忆和丰富的旅游内容。

## （五）黔西南布依族苗族自治州体育旅游资源开发的条件及现状

黔西南州有着浓郁的民族风情，民族众多，风情独特，具有别具一格的旅游资源，是中国西部一个颇具潜力和开发前景的黄金旅游区。有国家级风景区马岭河峡谷，被誉为"地球上最美丽的伤痕"和地缝漂流中的"天下第一漂"，多次举办国际性漂流比赛。贵州体育旅游利用晴隆二十四道拐，运作了"史迪威公路"24道拐汽车爬坡赛，富有挑战与激情的户外体育赛事活动正逐渐被看好。

## （六）毕节体育旅游资源开发的条件及现状

毕节属岩溶地貌，具有众多的名胜古迹，旅游资源十分丰富，有被赋予"高原明珠"之称的威宁草海，是四季皆宜的旅游胜地；而被誉为"地下天宫"的织金洞，是岩洞探险的理想之地。毕节还为有"天然公园"之称的百里杜鹃量身定做了全国山地自行车精英赛、具有民族传统体育特色的彝族铃铛舞《乌蒙铃》、苗族射弩等项目，并先后囊括了全省民族传统体育运动会表演竞技金奖。这些民族体育传统赛事的推出，大力开发了毕节市民族体育旅游资源。

## 三、贵州民族传统体育与体育旅游的融合模式

《国务院关于进一步促进贵州经济社会又好又快发展的若干意见》（国发〔2012〕2号文件）明确提出传承优秀传统文化，弘扬社会主义先进文化，探索特色民族文化与旅游融合发展新路子，努力把贵州建设成为世界知名、国内一流的旅游目的地、休闲度假胜地和文化交流的重要平台。于是，贵州少数民族传统体育与体育旅游融合发展模式探讨成为重中之重。

### （一）少数民族传统体育节庆表演与体育旅游的融合

如表4所示，贵州省各个世居少数民族在民俗节庆中都会开展形式多样的少数民族传统体育项目。因此，少数民族民俗节庆成为少数民族传统体育项目展示的重要载体。充分挖掘少数民族民俗节庆、少数民族传统体育项目的表演价值和观赏价值，发挥贵州少数民族传统体育项目文化的独特文化内涵，开发少数民族

传统体育项目成为文化旅游产品，是实现与体育旅游融合的重要模式之一。

**表4　贵州少数民族传统体育节庆活动**

| 日期（农历） | 节日名 | 民族 | 地点 | 活动内容 |
| --- | --- | --- | --- | --- |
| 正月初九 | 跳场 | 苗 | 贵阳市花溪区桐木岭 | 跳芦笙 |
| 正月十一至十五 | 芦笙会 | 苗 | 凯里市舟溪各寨 | 跳芦笙、对歌、斗牛 |
| 三月初三 | 三月三 | 侗 | 镇远县报京侗寨、贵阳 | 对歌、跳芦笙、讨篮子 |
| 三月十五至十六 | 姊妹饭节 | 苗 | 台江县施洞清水江一带 | 吃姊妹饭、踩鼓舞 |
| 四月初 | 四月八 | 苗 | 贵阳市喷水池 | 吹芦笙、对歌、跳舞 |
| 四月初八 | 四月八 | 苗 | 黄平县飞云崖 | 吹芦笙、对歌、跳舞 |
| 五月初五 | 龙舟节 | 苗、侗 | 镇远县城关 | 赛龙舟 |
| 五月二十七至二十 | 独木龙舟节 | 苗 | 台江县施洞清水江一带 | 吃粽子、独木龙舟访苗寨 |
| 六月初六 | 六月六 | 布依 | 贞丰三岔河、惠水䓫郎 | 赛歌、赶表（男女青年谈恋爱） |
| 六月初六 | 六月六 | 侗 | 黎平肇兴一带 | 吃粽子、踩歌堂、行歌坐月 |
| 六月二十一 | 查白歌节 | 布依 | 兴义市查白场 | 对歌、跳舞、赶表 |
| 六月二十四 | 火把节 | 彝 | 六盘水云舍山脚火把场 | 燃篝火、扫尘、跳舞 |
| 七月第二个卯日 | 吃新节 | 苗、侗 | 凯里舟溪、黎从榕三县 | 吃新米、芦笙开禁 |
| 七月十五 | 跳米花神 | 汉 | 安顺各屯堡村寨 | 跳地戏、串佛、放河灯 |
| 八月首个亥日 | 端节 | 水 | 三都、独山、榕江 | 吃新米、唱歌跳舞、吹芦笙 |
| 六月择一卯日 | 卯节（吃卯） | 水 | 三都县九阡一带 | 赶卯坡、对歌、跳舞 |
| 十月十六 | 达努节 | 瑶 | 黎平、榕江、荔波 | 对歌、跳舞、吹芦笙、打陀螺 |
| 正月初一 | 萨玛节 | 侗 | 黎从榕各侗寨 | 祭祀萨玛（祖母）踩歌堂 |
| 十月首个寅日 | 苗年 | 苗 | 凯里市舟溪、挂丁一带 | 吹芦笙、斗牛、赛马、踩鼓 |
| 正月初八 | 抬官人 | 侗 | 黎平肇兴一带 | 踩歌堂、抬官人、行歌坐月 |
| 至初九 | 撮泰吉 | 彝 | 威宁板底乡一带 | 跳"撮泰吉"（变人戏） |

## （二）少数民族传统体育赛事与体育旅游的融合

围绕着少数民族传统体育的传承与保护，贵州省体育局和各地州市体育行政管理部门主动推进少数民族传统体育项目的现代化转型，逐步将少数民族传统体育项目竞技化，充分挖掘少数民族传统体育竞技中的观赏价值和经济价值，连续

开展了贵州省少数民族传统体育运动会,贵州省各个地方体育行政管理部门逐步开始承办"全国民体杯"等系列赛事,如独竹漂赛事、三都赛马赛事等。因此,充分利用并持续开发少数民族传统体育赛事资源,使其成为体育旅游的吸引物,变为体育旅游中的特色赛事产品,也成为贵州省推动少数民族传统体育项目与体育旅游的重要模式。

### (三)少数民族文化风情园与村寨体育旅游的融合

贵州省遍布各地的少数民族文化风情园,是实现村寨体育旅游又一个非常重要的吸引物,最为突出的是西江千户苗寨。从少数民族文化风情园到运动休闲特色小镇,都在体育旅游目的地方面努力拓展乡村体育旅游的市场和空间。2017年5月,国家体育总局办公厅下发了《关于推动运动休闲特色小镇建设工作的通知》。同年8月,在贵州黔西南布依族苗族自治州贞丰县召开了全国运动休闲特色小镇建设工作培训会,对运动休闲特色小镇的建设进行了动员和部署。2017年8月,国家体育总局公布了第一批运动休闲特色小镇示范项目名单。全国有96个运动休闲特色小镇上榜,其中贵州省遵义市正安县中观镇户外体育运动休闲特色小镇和黔西南州贞丰三岔河运动休闲特色小镇获此殊荣。贵州省正在加速推进特色小镇的发展与建设,依托贵州多民族聚居事实,打造具有贵州世居少数民族传统体育特色的小镇,是当前及未来一段时间内对传承、发扬贵州世居少数民族传统体育文化十分有益的一项重要战略举措,也是推动其与体育旅游融合发展的重要模式。

## 四、促进贵州民族体育旅游业发展的几点建议

### (一)加大贵州民族体育的宣传,树立品牌形象

在体育旅游的发展过程中,要充分看到贵州省民族体育的优势及独特的地域和民族特色,将内涵丰富的民族体育与贵州独特的体育旅游相结合。借助媒体效应,如通过摄影作品、广告片、电影等手段大力宣传以独特的喀斯特地貌和自然景观为主的民族体育、著名风景区及名胜古迹,把贵州的民族体育及体育旅游推

向全国，从而提高贵州的知名度。充分利用网络资源宣传贵州民族体育、独特的体育旅游及旅游景点的线路、餐馆、住宿、交通等相关的信息，树立良好的品牌形象。

### （二）合理开发符合贵州特色体育旅游产品

贵州省少数民族体育旅游产业的特色主要体现在两个方面：一方面是民族特色，贵州的少数民族由于历史的原因，形成了当地特有的生产方式，因而也孕育了与之密切相关的少数民族体育活动，它体现在当地民族日常活动中，但更集中于民俗节日活动中，如原生态的民族风情、苗族武术、峡谷探险、划龙舟、打篾球、抢花炮、瑶族打猎操、抢花棍、芦笙拳、打磨秋、荡秋千、鸡羽毽、射箭、赛码、斗牛、摔跤、布依舞龙舞狮、上刀山钻火圈等项目都是开拓贵州少数民族传统体育旅游的珍贵资源。另一方面，贵州少数民族地区还拥有众多的高山大川、峡谷瀑布、溶洞、溶岩地貌等自然资源，以体育赛事开展登山、攀岩、探险、漂流、极限运动等具有垄断性的高品位体育旅游，对其合理开发，并通过民俗节日与体育旅游的有效融合，可以增加旅游业的竞争力，吸引广大的中外体育旅游者。

### （三）少数民族传统体育与红色旅游融合

贵州红色旅游资源在全国红色旅游中具有明显的优势地位，要充分利用发挥好这一优势，将红色旅游与民族传统体育有机地融合起来，可以让旅游观光者游览以长征为纽带的旅游精品线路，并在红军长征时经过的少数民族村寨开展各种少数民族传统体育项目，让游人既达到了观光的目的，又能亲身参与完整的少数民族体育项目，获得一举多得的效果，从而提高旅游活动的吸引力和感染力。

### （四）培养高质量体育旅游专业人才和民族体育表演人才

体育旅游人才是体育旅游资源开发和体育旅游市场发展的关键。目前，贵州省体育旅游市场人才大多数为非专业人才，严重制约了贵州省体育旅游的后续发展。因此，必须加大力度，加快培养贵州省体育旅游专业人才，使他们加深对民族地区民俗文化的理解，对体育旅游的市场推广、服务质量方面发挥重要作用。要成功地开发利用民族体育资源，并使其可以持续利用，离不开技艺高强的表演人才。人才的获得可以到少数民族地区挖掘和培养，也可以与当地高等院校，尤其可以同民族院校、师范院校的体育系进行合作，培养表演人才。

## 结　语

通过对贵州省的民族体育特色资源进行分析，对贵州省体育旅游业的开发现状进行探索，使民族体育与体育旅游有效融合，在促进体育旅游发展的同时也将带动民族传统体育，并在此基础上提出了加大贵州民族体育的宣传、树立品牌形象、提高贵州省体育旅游知名度、合理开发符合贵州特色的体育旅游产品、少数民族传统体育与红色旅游融合、培养高质量体育旅游专业人才和民族体育表演人才的几点建议，为贵州省旅游业的发展提供一定依据。

执笔：巴义名　冯少兵

# "一带一路"背景下贵州省体育旅游集群产业发展策略研究[①]

**摘要：** 体育旅游是一项新兴的旅游产品，是体育与旅游结合的健身方式。体育旅游产业是体育产业的一个分支，同时又是旅游业产业发展的创新点。"一带一路"沿线地区具有丰富的体育旅游资源，体育旅游发展潜力巨大。贵州独特的"山地公园省"区位优势和丰富特色的体育旅游资源，为体育旅游产业集群发展带来新的机遇。本文以贵州省体育旅游产业发展现状为切入点，运用区位熵对体育旅游产业进行分析，得出贵州省体育旅游产业已具有一定的集聚度，但还存在体育旅游产业协同效益低、体育旅游产业链发展不完善、空间布局不均衡等问题，针对体育旅游产业集群发展存在的问题，提出相应的改进策略。

**关键词：** 体育旅游；体育旅游产业集群；区位熵

体育旅游产业是体育产业与旅游业交叉渗透产生的一个新型经济领域。随着我国产业升级与供给侧结构性改革，社会生产效率得到了有效提高，国民经济快速发展，使人们有了更多的闲暇时间得以充分利用。人们通过健身、娱乐、旅游等方式来缓解身体和心理压力，以体育旅游与运动休闲作为其主流的度假生活方式将越来越盛行。本文以贵州省体育旅游产业集群发展的研究为出发点，研究如何将这些新兴的企业进行有效的功能划分，使各类体育旅游产业相关的企业可以围绕贵州省内部产业价值链紧密联系，形成产业集群。

---

① 本文是2018年度贵州省体育产业和体育旅游研究课题成果之一。

## 一、贵州省体育旅游产业发展现状

### （一）发展机遇

"一带一路"带来新机遇。贵州是我国西南连接华中、华南的重要枢纽，是我国西部"一带一路"重要的陆海连接线，以"一带一路"为突破口，正在大力发展体育旅游朝阳产业，着力提升内外交通互联互通水平，打造特色体育旅游产品体系，提升服务质量，打造"山地公园省·多彩贵州风"体育旅游品牌，加快国内沿线地区体育旅游融合发展，努力建设国内一流、国际知名山地旅游目的地和山地旅游大省，为促进国内区域协调发展做出积极贡献。

### （二）面临挑战

体育旅游纵深发展难度大。体育旅游行业发展的核心资源是体育，重点在于旅游地区体育文化的体验与门票资源的优势。贵州省体育旅游正处于发展阶段，贵州省旅游企业与体育界的融合还不够深入。

### （三）发展优势

主动融入"一带一路"经济圈。贵州省牢牢把握"一带一路"发展机遇，充分利用"一带一路"定位，搭建贵州省与毗邻省份的合作平台，积极对接与融入西南经济文化圈，深耕传统的货物贸易、投资、服务贸易领域合作，推动体育旅游产业集群发展，使之成为贵州省新经济增长点的助推器。

政府职能的转变，为体育旅游发展提供保障。政府职能部门在政策与服务上给予体育旅游产业的支持，推动了体育旅游产业集群化发展。贵州省政府、体育局、旅游主管部门转变政府职能，加大体育旅游产业投入，增强服务理念，在体育旅游产业发展过程中发挥了重要作用。首先，出台相关政策，制定发展规划，加强对体育旅游产业的宏观管理。贵州省先后发布了《关于加快发展体育产业促进体育消费的实施意见》《贵州省国民经济和社会发展第十三个五年规划纲要》《贵州省"十三五"体育发展规划》《贵州省旅游资源管理办法（试行）》《关于推进旅游业供给侧结构性改革的实施意见》，要求打造精品旅游线路和高端旅游产品、树立牢固的"旅游+"理念、推动多产业融合发展，同时完善旅游管理机制。其次，以山地户外运动和水上运动为突破口，以生态体育旅游论坛为平台大力发展体育产业，建设山地户外运动大省。这些政策措施积极推动了体育旅游产业的发展，也为体育旅游产业集群发展提供了政策、资金、组织、宣传等方面的保障。

体育旅游自然资源与人文资源丰富多样。贵州省地貌以山地和丘陵为主，境内山脉众多，地势险峻、绵延纵横；以喀斯特地貌为主，分布广泛，形态类型齐全。贵州水资源储量居全国第九位，境内有乌江、清水江、南盘江、北盘江、牛栏江、潕阳河、赤水河、麻沙河等重要河流。同时，贵州境内林草资源极为丰富，贵州省内拥有湿地公园、地质公园、森林公园等国际级公园22个，国家级自然保护区11个。贵州省文化资源丰富多彩，红色文化、阳明文化、少数民族文化等，为贵州省体育旅游产业的发展注入人文气息，增添新的活力。而"山地公园省"也已受到国内外人士的广泛关注，逐渐成为贵州省独具特色与亮点的一个文化名片。

### （四）发展劣势

经济发展不均衡的制约。近年来，贵州省地方经济发展差距较大，贵阳市与遵义市发展相对较好，其他几个地区发展与前者有一定的差距。贵州省经济发展滞后、地区发展不平衡制约了贵州体育旅游产业的发展。

体育旅游专业人才缺乏。体育旅游属于"体育+旅游"的特殊的旅游项目，需要特定的专业人才。贵州省既懂得体育旅游市场开发研究又熟悉体育产业和旅游经营的复合型人才较为匮乏，这极大地限制了体育旅游的发展。据调查，当前贵州省还没有设置体育旅游专业来培养综合性人才。

资金投入较少，宣传力度不够。由于贵州省经济正处于发展阶段，对体育旅游的直接投入较少；对于体育旅游的宣传比较薄弱，力度不够，体育旅游资源开发缺乏系统统筹规划，没有形成区域规模，如大多数人知道黄果树瀑布景点，却

不知道贵州。

## 二、贵州省体育旅游产业集聚度分析

### （一）体育旅游产业集群概念界定

1990年，迈克尔·波特在《国家竞争优势》一书中首先提出采用产业集群，他认为产业集群是指由在特定区域中，具有竞争与合作关系且在地理上集中、有交互关联性的企业、专业化供应商、服务供应商、金融机构、相关产业的厂商及其他相关机构等组成的群体。产业集群是由于追求外部经济效益而产生的地理集聚结果，这一概念由经济学家马歇尔在书中提出。

### （二）贵州省体育旅游产业集聚度分析

区位熵用于衡量某一区域要素的空间分布情况，反映某一产业部门的专业化程度以及某一区域在高层次区域的地位和作用等方面，是一个很有意义的指标。在产业结构研究中，主要是运用区位熵指标分析区域主导专业化部门的状况。

区位熵的计算公式为：

$$LQ_{ij} = \frac{q_{ij}}{q_j} \bigg/ \frac{q_i}{q}$$

在此公式中，$LQ_{ij}$ 为 $j$ 地区的 $i$ 产业在全国的区位熵，$q_{ij}$ 为 $j$ 地区的 $i$ 产业的相关指标；$q_j$ 为 $j$ 地区所有产业的相关指标；$q_i$ 指在全国范围内 $i$ 产业的相关指标；$q$ 为全国所有产业的相关指标。

本文采用"贵州省体育旅游产业区位熵=（贵州省体育旅游产业产值/贵州省GDP）÷（全国体育旅游产业产值/全国GDP）"来评价贵州省体育旅游产业集群的集聚程度。由于贵州省体育旅游产业是贵州体育产业的重要组成部分，且在最近3年发展较为迅速，体育产业集聚度高的区域，体育旅游集聚度也较高，故用体育产业规模代替体育旅游产业规模。

本文数据采用2015~2017年贵州省及各地市州经济统计公报，对贵州省体育产业集聚度进行了分析，得出贵州省2015年区位熵为1.82，2016年区位熵为2.52，2017年的区位熵为2.62，由此可见，近几年贵州省体育旅游产业区位熵均大于1，说明贵州省体育旅游产业已经属于专门化产业。

## 三、贵州省体育旅游产业集群发展策略

### （一）整合体育旅游资源，形成产业集群新布局

通过整合区域内及区域外体育旅游资源，如通过利用贵阳、遵义、黔南州等地优势区域的资源及便利条件，形成网络化布局，提升核心竞争力，促进周边体育旅游产业的发展。同时，降低交易成本、加强体育旅游产业内部要素的集聚度，增强区域间的合作，发挥周边地区的优势，带动边缘地区体育旅游产业发展。

### （二）推进贵州体育旅游特色品牌升级

首先，充分发挥贵州省独特的山地旅游资源优势，积极开展山地自行车、汽车拉力赛、攀岩比赛等山地户外运动大赛，打造贵州户外运动大省、强省。其次，深度挖掘体育旅游精品赛事中各民族特色体育资源，在贵州精品体育旅游项目中增加赛事举办地少数民族具有观赏性与互动性相结合的体育娱乐活动，丰富体育旅游产业内容，充分利用贵州省红色旅游资源，打造红色旅游金字招牌，提高贵州体育旅游的知名度。

### （三）完善贵州省体育旅游产业基础设施

集群化发展需要便利的交通条件来扩大目的地的承载能力，也对体育旅游产业基础设施提出了较高的要求。完善体育旅游产业集群区域内的基础设施，为提高贵州省体育旅游产业集群发展提供了有利条件。

## （四）加强体育与旅游产业的深度融合

作为体育产业一个重要分支的体育旅游产业，其发展不可能独立于体育产业之外。加快体育旅游产业与贵州省大健康战略的融合，在旅游景区加强体育项目基础设施建设、开发体育活动线路、培育观赏性与健身娱乐性并存的活动，从竞技体育到群众性体育，尝试自然景区与健身休闲互动模式，初步形成体育旅游产业集群发展的创新之路，有效推动贵州省体育文化和旅游产业的发展。

## 结　语

体育和旅游相互交叉、融合，实现体育与旅游的联姻，将为体育旅游的发展拓展更大的空间。贵州省充分结合地区特色优势，把握"一带一路"倡议带来的机遇，加快体育旅游产业发展，形成健全、完善的产业链，打造具有地域民族优势的体育产业集群，实现贵州省社会经济快速发展。

执笔：彭明娟　王荣乾　王　薇

# 贵州山地体育旅游产品的开发优化策略探析

**摘要：** 随着我国旅游产业的迅猛发展，山地旅游在近些年逐渐成为旅游产业发展的热门类型，贵州在山地旅游发展上具有得天独厚的资源优势和产业政策发展优势。与此同时，随着消费者旅游需求的多样化个性化发展，山地旅游产业与山地文化产业、体育产业、生态农业等跨领域融合日益加深。基于此，本文首先就山地体育旅游产品相关概念进行了解析，然后系统论述了贵州在发展山地体育旅游产品的开发优势和取得的开发成果，最后，在分析总结贵州山地体育旅游产品开发突出问题的基础上，就贵州山地体育旅游产品开发的优化策略进行了重点论述。

**关键词：** 贵州；山地体育旅游产品；旅游产品开发；优化策略

山地体育旅游是指在野外环境（户外）参加各类运动或观看各类运动赛事的旅游活动，随着大众旅游和休闲旅游的兴起，国外山地旅游的大发展以及对经济的带动作用让我们看到了山地旅游是当前和未来旅游发展的重要方向。贵州山地资源丰富，人文特色突出，贵州省"十三五"规划明确了把山地体育旅游作为旅游业发展的主导战略产业，在国务院和省委省政府的高度重视下，贵州山地体育旅游取得了长足的发展。但是整体来说，贵州乃至全国山地体育旅游的发展还不成熟，如何解决贵州山地体育旅游发展瓶颈和问题，走出一条文化、体育、旅游融合发展的新道路，已经成为摆在贵州山地旅游良性发展面前的重要课题。

## 一、山地体育旅游产品相关概念解析

对于山地体育旅游，国内外学者都从不同角度进行了概念界定，虽然没有统

一的表述，但是，山地旅游与体育事业在部分内容上具有交叉的特点，如登山、漂流、滑草、攀岩、龙舟、垂钓、滑雪、山地自行车、定向越野、野战游戏、丛林探险、野外生存、素质拓展、汽车拉力赛等。结合已有的研究成果，笔者认为山地体育旅游是依托山地自然环境的各种景观资源以及当地区域特色人文资源，为游客提供山地观光、休闲度假、户外运动、绿色生态旅游等多样式的旅游活动和产业形态。

## 二、贵州山地体育旅游产品开发的优势和当前取得的开发成果

### （一）贵州山地体育旅游产品开发的优势分析

第一，资源优势。资源多样性是对贵州山地旅游资源的最直观概括，区域特色民族文化，特别是丰富多样的少数民族体育文化是对贵州人文环境的最准确的表达。民族文化浓郁、区域特色鲜明、地质独特和资源多样的优势以及贵州第一、第二产业相对薄弱，发展难度高的现状，使得山地体育旅游产业发展脱颖而出。

第二，政策优势。2012年国务院发布的《国务院关于进一步促进贵州经济社会又好又快发展的若干意见》中，首次从国家层面明确了贵州文旅产业发展支柱产业的战略定位。在《贵州省"十三五"体育发展规划》中，明确提出要以山地户外运用和水上运动为突破口，以民族传统体育为着力点，以特色体育赛事为抓手，大力培育体育新业态。2017年9月，国家体育总局批复贵州开展全国体育旅游示范区创建工作以来，依托国务院持续高度重视的政策扶持和省委省政府的规划落实，贵州山地体育旅游产业得到了较快发展，为实现2020年建成山地户外体育旅游休闲基地的目标而不断奋进。与此同时，依托区域协调发展政策定位、精准扶贫战略定位以及贵州省"十三五"旅游规划对山地体育旅游的战略定位，战略合力作用明显。

### （二）贵州山地体育旅游产品开发取得的成果

党的十八大以来，伴随着大众休闲旅游的兴起，贵州山地体育旅游战略地位逐步确立，相关产业渐趋成形，山地体育产品种类不断增多，省政府开始进行系统规

划，山地体育旅游发展逐渐成为当地民众脱贫致富的重要手段。党的十九大以后，按照贵州省"十三五"发展规划，贵州山地旅游进入了全面发展阶段，明确了山地旅游精品创建、山地旅游平台建设、山地旅游标准化、山地旅游大数据应用、山地旅游商品和制造产业化、山地旅游人才建设、山地旅游扶贫、山地旅游市场主体培育八大重点工程建设。近些年，贵州以高速公路、高速铁路为支撑的山地特色旅游产业带，串联带动该省100个旅游景区、100个山地户外运动旅游基地和1000个特色旅游村寨，形成了20条省内环行及联通省内外的重点精品线路。与此同时，贵州省政府成立了专门的山地体育旅游研究院、政府山地体育旅游管理机构等，连续多年举办山地旅游主题活动，承办多项国际、国家级别赛事等，知名度不断提升，景区公司化经营体制机制改革，加快推进旅游企业向平台型旅游企业转型发展。

### 三、贵州山地体育旅游产品开发遇到的问题

贵州山地体育旅游产品的开发问题较为典型，影响因素较多，其中，当地山地体育旅游粗放型的开发方式成为最根源性的制约因素。总体来说，贵州山地体育旅游开发与国外优秀山地体育旅游地的集约型开发还有很大的差距，综合性的山地体育旅游产品体系尚未建立，山地体育旅游产品低端，观光产品多，休闲度假产品少，旅游产品同质化严重，可替代性高，项目开发缺乏特色，没有很好地与当地民族区域特色文化进行深度结合，品牌化旅游产品较少。旅游项目大众化，较多地偏向食、住、行浅层开发，游、娱、购深度开发不够。与此同时，贵州山地体育旅游产品的开发成本、配套设施、服务品质、营销策略、政策落地等问题，也严重制约了当地山地体育旅游等相关产业的发展。具体来说具有以下4点问题：

第一，贵州多地的山地体育旅游产品类型单一，同质化严重，开发成本较高。一方面，旅游产品类型创新不足，同质化严重的问题，究其根源，是旅游开发过度依赖政府，市场竞争意识不足，导致产品开发任务性突出，同质化严重，与此同时，与产业融合程度有紧密关联，产业结构较低，相关服务产业和第一、第二产业的产业链不够健全，旅游产品低级，附加值必定不高。另一方面，开发

成本较高。山地体育旅游开发成本较高的问题集中体现为资源利用程度不高、深度不够、资源浪费,以及不可逆转的由于过度利用而导致的生态破坏问题。

第二,贵州多地山地体育旅游产品开发区域联动性较少,整体规划等管理能力有待进一步调整优化。虽然近些年贵州省着力打造了20条精品旅游线路,但是区域联动性不足仍然是制约旅游产品开发创新的重要问题,贵州山地旅游尚未形成区块联动支撑体系,旅游体验差,从中反映出整体规划以及协调发展的宏观管理问题。

第三,贵州山地体育旅游产品的文化内涵开发有待进一步提升。旅游产业本质上来说是文化产业,好的山地体育旅游产品必定是集文化特色和优质服务于一体的精品。贵州是我国多个少数民族聚居的省份,并且拥有丰富的少数民族传统体育项目,特色体育文化资源突出。而贵州山地体育旅游在旅游产品文化内涵开发上有待进一步的落实和提升,缺乏对当地民族文化内涵的深度挖掘,短期逐利性浅层次文化开发较多,而具有长远开发潜力的可持续项目开发较少,缺乏原生态文化气息。

第四,贵州山地体育旅游产品开发的保障建设不足。山地体育旅游产品设计开发不是仅有丰富独特的资源以及营销策略就能够实现较好发展成效的,还在于基础保障体系的完善。在进入21世纪以来,特别是党的十八大、十九大期间,贵州旅游基础设施建设、服务品质以及人才培养取得了较好的发展成果,但是,现有的山地体育旅游基础设施仍不能够满足现实发展的需要,过度市场逐利、政绩任务式建设导致商业意味浓厚,服务品质提升不足,大大影响了游客的旅游体验,与此同时,各级政府在山地体育旅游产品建设方面做出的大量规划和承诺,由于政府财力、时间以及环保、文化保护以及土地资源保护等多方面原因,规划落实实施较为缓慢,短期成效不足。

## 四、贵州山地体育旅游产品开发优化策略

### (一)贵州山地体育旅游产品开发问题的思考与开发整体思路

贵州山地体育旅游产品开发问题具有普遍性,政策性导向明显,建设热度

十足，难免造成过度开发、形式建设、挤占政策资源等盲目非理性开发现象。旅游产品开发问题的本质和问题根源是产业发展的经济问题，是可持续发展理念问题，同时也是地区经济发展与当地民众参与建设并获得足够收益的民生问题。由此，我们不能够仅仅探讨和解决山地体育旅游产品开发设计及其营销策略等专业性问题，还要把重心放到产业融合和布局上来，放到贵州省区域协调发展和山地体育旅游资源可持续开发理念落实上来，放到山地体育旅游产业发展与人民获得实惠的民生问题上来。

### （二）做好顶层规划，构建区域联动发展的山地体育旅游产品体系

第一，做好贵州旅游总体战略规划，特别是对山地体育旅游的顶层规划。对此，应把精准扶贫战略、振兴乡村战略、区域协调发展战略、"一带一路"倡议的定位融入贵州旅游产业战略定位中来，突出生态旅游、旅游扶贫、乡村旅游、国际品牌旅游等战略高度。

第二，突出区域性的山地体育旅游特色，以打造区域联动，特色串联的旅游精品线路为核心。对此，要逐渐改变以政策导向为主的产业发展模式，以优胜劣汰的机制培育一批有实力的旅游企业，同时搞清政府定位，完善市场管理，提高监管的信息化程度，让山地体育旅游产业发展逐渐回归市场调配。此外，突出重点，合理分配政策资源，对于政府盲目非理性的建设行为及时进行制止。

第三，结合当地文化特色，推进旅游产品深度开发。无论是山地体育旅游产业发展还是山地体育旅游产品开发，都要把打文化牌作为重中之重对待，走以文兴旅，以文促旅，文化产业化，产业文化化的发展道路。在政策上鼓励文化创意产业的合作参与，将当地的文化创意元素渗透到山地旅游产品中，打造文创产业、原生态观光和传统体育项目体验、社会生态旅游等各具特色的山地旅游形态。

### （三）树立旅游产品开发底线思维，积极引入先进的开发理念

第一，树立旅游产品开发底线思维。坚持保护性开发和因地制宜的开发原则，对于山地自然生态环境的保护措施，执行游客总量管制和承载量管制机制，

建立山地环境监控系统,对山地环境进行实时监控评估,建立定期轮流关闭部分山地旅游景点的保护性机制,对生态环境进行及时养护,加强景观标志、景观解说等生态保护宣传力度,通过教育和提醒的方式提高游客的生态环保意识。在对旅游景区人文环境的保护措施上,要坚持惠民、富民的产业经济发展政策,提高当地民众的参与热情,重视游客的体验价值,侧重用心、原生态的意识资源旅游产品开发。根据因地制宜的开发原则,政府要发挥宏观调控和规范化监管的职能,对于处于短期逐利的企业旅游产品开发行为进行重罚,确保整体规划的特色性,保护生态环境和维护人文资源的原生态价值。

第二,积极引入先进的开发理念。我们一直在强调可持续发展理念,而在可持续发展理念内涵的延伸上却落实得不多。因此,积极借鉴国内外优秀山地体育旅游产品开发经验,重点学习其理念和方式精髓。比如,重视游客体验价值,因地制宜走山地"旅游+多产业"的新模式道路,坚持多样性和特色性结合的产品开发理念,重视资源的开发力度,增强品牌集聚意识等。

## 结　语

山地体育旅游是贵州旅游实现可持续发展的关键和发展核心,依托丰富的山地资源、区域民族特色体育文化、持续性的产业开发政策支持以及配套保障体系的完善,贵州山地体育旅游取得了较好的发展成果。但是,贵州山地体育旅游产品同质化、浅层化、单一化、文化内涵不足等开发问题反映出基础设施薄弱、保障体系不健全、旅游资源开发破除底线、区域联动性弱等发展瓶颈。对此,要从国际化、高水平的发展高度进行总体战略部署,各级政府要充分发挥引导、扶持和监管职能,逐渐走向市场机制主导,政策辅助的山地体育旅游转型发展道路上来,不断优化产业布局,结合当地山地特征和人文特色,创建差异化综合性的山地体育旅游产品体系,加快从粗放开发转移到集约化、品牌化发展的道路上来。

执笔:丁　勇

# 产业集群视域下西南山地户外运动产业发展策略研究

**摘要：** 我国西南山区生态环境良好，山地资源丰富，依托优秀的自然环境资源，以生态绿色发展为主要理念，发展山地户外运动产业能有效地促进地方经济增长并对西部地区扶贫攻坚提供新的发展思路。贵州省将山地户外运动产业作为助推地方经济发展的抓手和推进器，取得了显著的成效。西南地区山地户外运动产业已出现集群势态，但是，如何进一步助推山地户外运动产业的集群，使其稳定良好地发展，以发挥更大的集群效应，成为各界关注的问题。研究者运用文献资料法、逻辑分析法等研究方法，对较为成熟的产业集群理论以及体育产业集群的研究成果进行细致的梳理，总结得出目前产业集群的研究主要有四种较为成熟的论述，即马歇尔集群理论、韦伯工业区位理论、科斯交易费用理论和波特产业集群理论。通过对传统的产业集群理论研究分析中发现，产业集群理论主要以生产制造业的集群现象作为研究对象，而最核心的理念就是产业主体的地理集聚是产业集群现象发生的前提。体育产业属于第三产业，在产业特性上明显区别于传统的制造业，因其产业的特殊性质，体育产业要发生集聚效应、形成产业集群需要契合地理空间及发生时间的时空双结合特点，并且需要形成专业人力资源的集聚。通过分析近几年贵州区域山地户外体育产业的现有基础及发展状况，发现目前西南区域性山地户外运动产业发展速度滞后主要是因为缺乏集聚基础，存在时空的分离与人才的离散。利用大数据对比剖析近几年区域间山地赛事开展规模及影响力，借助百度搜索指数、资讯指数和媒体指数分析不同时空跨度的山地户外运动活动及赛事产生的关注效应发现时间跨度较大的联合赛事活动能产生更高更持久的社会媒体关注度。而借助区域空间的优势资源则更有利于山地户外活动及赛事的积聚。当山地户外运动活动及赛事在时空范畴上产生积聚规模时，山地户外专业人才资源会相应发生积聚效应。本文基于西南地区山地户外运动产业发展现状提出应从以下几个方面有针对性地促进山地户外产业集聚发展：一是打造优质IP通过优势山地户外体育项目带动其他体育项目发展，构建山地户外活动产业链形成具有品牌影响力的IP品牌。在一定的空间地理范畴内，组建具有时间跨度的山地户外活动或联赛，形成山地户外产业集聚的基石。二是打破各自为政的行政划片发展模式，形成"集中规划促进地方活动，地方活动丰富集中规划"的新思路，规划以地理优势为范畴的山地户外活动区。借助地理区位优势、积极破除制度壁垒落实政策创新、建立资源信息交互服务平台等手段，在活动区内引入装备生产制造业、媒体业、观光旅游业等关联产业形成稳定的产业集群。三是加强人才培养和人力资源引入，将山地户外赛事活动与旅游、文化、茶产业等都可以进行创新性结合，形成联动效应。

**关键词**：体育产业；山地户外；集群效应

## 一、研究背景

贵州省从"十二五"规划开始，以生态绿色发展为主要理念，大力推动山地户外运动的开展，并将山地户外运动产业作为助推地方经济发展的抓手和推进器。在"十三五"规划当中更是明确提出要打造山地户外体育大省。针对贵州省内山地户外活动的研究比较丰富，但是从产业发展的角度研究山地户外产业发展的文章还很有限。李军（2011）针对贵州省山地户外运动产业中产业核心竞争力的问题进行研究，结合贵州省山地户外产业的实际情况，通过分析山地户外运动产业中核心竞争力的构成要素，最终得出贵州省山地运动产业发展缺乏竞争力的结果，以及在核心竞争力发展中面临的主要问题，并相应提出了促进产业发展提高产业核心竞争力的主要策略。核心竞争力是促进产业发展的一个重要因素，但是要真正促进一个产业的发展还要涉及产业的区位设置、产品布局、产业升级等一系列综合问题。陈强（2013）立足贵州省山地户外产业的现状，在分析障碍因素的基础上，提出了通过健全产业政策、打造精品赛事等对策以推动贵州省山地户外运动相关产业链的发展。但这些研究都因缺乏成熟产业理论的支撑，研究只能停留在基础层面，不能深入为产业发展的实质层面提供指导，且都存在时效性不足的问题。近期研究中比较突出的是罗刚（2018）通过调查研究对贵州省山地户外运动现状进行了整体性的把握，他认为贵州省在山地户外运动的打造和发展进程中得到各级政府的大力支持和高度重视；活动规格日益提高且影响不断增大；项目开展的内容越来越丰富；专业人才需求加大；基础设施建设得到较大推动；有超前环保意识等。但其并未就山地户外运动产业的状态及发展提出可供借鉴意义的行动策略。苏江元等（2016）认为与过去贵州单独举办的体育赛事不同，山地户外运动集群式的集中展现，让贵州山地体育资源特别是户外运动资源禀赋充分发展，可以通过体育与旅游融合的方式共同打造山地户外运动，建设具有民族特色的山地户外体育大省。虽然他提到了山地户外运动集群化在贵州已经集中体现，但是，对于集群化的程度、阶段、制约因素等问题，都未能深入探讨。

黔南州位于贵州南部，地理环境丰富，平塘的天坑、罗甸的高原千岛湖、荔波的大小七孔等优质的生态环境资源，极为适合开展登山、徒步、溯溪、攀岩、探洞、垂钓等户外活动。黔南州政府将山地户外运动作为区域发展的主要打造项目之一。此外，依托省政府发布的《中国贵州山地户外运动大省建设规划》提出的要求，力图在5~10年的时间内，将贵州省打造成为中国第一个山地户外运动产业大省，并为此制定了近期、中期及远期目标的发展目标体系。黔南州体育旅游和体育产业在贵州省的产业发展之路中必将发挥作用。在"十三五"期间计划建设生态体育公园12个，山地户外体育旅游精品线路9条，汽车露营基地和露营地3个项目。贵州省域范围内河流遍布，山地复杂，地理环境资源丰富，各州市都将依托优异的地理环境资源，围绕绿水青山发展山地户外运动，以期打造具有重大影响力和知名度的金山银山，以带动地方经济大跨步发展。近几年，兴义黔西

南、铜仁为主的州市强势打造山地户外运动,发展势头迅猛,已经形成了具有较大知名度和影响力的山地户外活动品牌,山地户外产业产值连年增长。黔南州如何在竞争中借助有效发展模式、发挥自身优势、实现山地户外产业的大发展,成为亟待解决的问题。

## 二、产业集群理论与体育产业集群

20世纪80年代,我国经济发展增速,以浙江省、江苏省为代表的沿海地区随着经济发展,开始出现产业集群的现象,相关研究也随之丰富。但是,产业集群的形成并非易事,需要系统规划综合考虑,产业集群的成长不仅受到所属区域内大环境的影响,诸如政治、经济、科技、文化、自然等因素,还受到集群内各主体的影响,包括资金、技术、管理等因素。因此,不同区域、不同领域形成产业集群的要素及方式都具有相对应的特殊性和特异性。贵州省近几年依托优异的自然环境资源,依靠良好的人文和交通条件大力发展山地户外运动产业,走出一条不同于东部地区的发展之路。但是,一个产业的集群化发展才是决定该产业能不能走向成熟的标志。当前,针对贵州特殊区域以及体育产业集群化的研究较少,尤其是对于山地户外运动这一新兴体育产业形式的集群化研究,更是十分稀少,亟待加强。因此,从产业集群的理论角度全方位的思考研究黔南州山地户外产业的发展策略显得尤为重要。

集群即某些事物以特定的方式集中出现。产业的集群现象最早出现在西方,英国著名经济学家亚当·斯密最早对集群现象进行研究。亚当·斯密在其著作《国富论》中对集群的原因进行解释,他认为在产品生产过程中,具有分工性质的作坊或企业为了更好地完成生产任务,一些产品的生产逐渐集中或联合到一起形成了一种群体。这是对集群现象的最早解释。随着经济学研究的发展,集群被引入到产业研究中用来分析特定区域的竞争优势。美国学者迈克尔·波特最早对产业集群的内涵进行定义。他认为集群是在某一类型的产业中,互有联系的产业主体或公司机构等受各方面因素的影响在特定地理位置形成聚集的现象。集群的产业主体或企业机构可以涉及产业发展的整个链条,包括产业的上游、中游以及下游。目前,产业集群的研究主要有四种较为成熟的论述,即马歇尔集群理论、韦伯工业区位理论、科斯交易费用理论和波特产业集群理论。通过对传统的产业集群理论研究分析可以发现,产业集群理论主要以生产制造业的集群现象作为研究对象,而最核心的理念就是产业主体的地理集聚是产业集群现象发生的前提。但是体育产业属于第三产业,在产业特性上明显区别于传统的制造业,因此在产业发展中不能简单套用传统制造业产业集群的模式。

## 三、黔南州山地户外运动体育产业的发展探索

### (一)山地户外运动产业模式分析

目前从黔南州公开的文件信息中,没有发现专门涉及山地户外产业发展模式的内容。地方学术研究中虽多有针对户外体育产业发展的研究,但是鲜有为地方产业发展提供模式借鉴的成果。当前,从黔南州体育"十三五"规划中可以探明地方政府在体育产业及事业的工作中仍然以"一县一特"为主要发展目标。所谓"一县一特"即以区县市为范畴,按照行政辖区的管辖范围进行划片分别进行管理,以各行政区域的治理手段推进各片区的发展。这种发展模式有利于发挥政治效益,尤其在管理中凸显高效率的优势。但是,这种简单划片不能对地理资源进行强势整合,不能很好地借助地理区域优势,形成优势地理区位范畴下的山地户外活动区。此外,以行政区属划分的特色发展,容易形成各地方发展行动散乱、以自我为中心、各自为政的状态,非常难以构建跨区域的活动链或者打造跨区域的山地户外运动活动区。在对各市县体育分管部门进行走访调查的时候,这个问题被突出显现。要解决这个问题就必须转变发展思路,探索出一种新的山地户外运动体育产业发展模式。

### (二)山地户外赛事举办情况及影响力分析

#### 1. 黔南州山地户外赛事举办规模

通过对黔南州2016~2018年开展的具有影响力的山地户外活动进行统计

（表5），可以发现黔南州户外赛事活动频次较低，年均3次赛事活动。单次活动平均持续时间2.5天。其中，瓮安山地户外系列挑战赛、福泉市国际山地自行车挑战赛具有3年以上运作经验，形成稳定的赛事活动IP。但近两年瓮安山地户外挑战赛逐渐融入兴义国际山地户外运动大会的联动赛事活动之一，福泉市山地自行车挑战赛因各方因素影响成为自行车联赛的站点赛事。与其他活动进行关联性发展在一定程度上可以整合资源便利地方发展，但是从长远来看，实际上是赛事活动逐渐失掉独立性的表现，不利于黔南州山地户外赛事品牌的创设，换句话说就是失去了自有品牌。最具有影响力和关注度的是都匀举办的亚洲攀岩锦标赛，但该赛事仅在黔南州举办过一次，自此后黔南州再没有接力打造开展以攀岩项目为主体内容的赛事活动。错失了以攀岩赛事带动攀岩相关产业发展的契机。而2017年开始打造的黔南州山地户外运动大会目前尚未形成规模，活动组织形式较为单一，内容相对贫乏，产业带动能力有限。

表5　2016~2018年黔南州山地户外运动品牌赛事活动统计

| 时间 | 持续天数 | 举办地点 | 赛事名称及内容 |
| --- | --- | --- | --- |
| 2018年11月 | 3天 | 瓮安县 | 多彩贵州·生态黔南2018中国·瓮安"农商银行杯"国际山地户外运动系列挑战赛（越野跑、皮划艇、交替跑骑、逃生墙、溜索、绳网、探洞、坐标导航、"背背篓"） |
| 2018年7月 | 3天 | 贵定县 | 黔南州第二届户外运动大会（半程马拉松、徒步、山地自行车爬坡赛、桨板独竹漂水上表演、露营大会） |
| 2018年3月 | 2天 | 福泉市 | 2018"多彩贵州杯"山地户外自行车联赛福泉站（山地自行车） |
| 2017年11月 | 2天 | 惠水县 | 黔南州首届山地户外运动大会（半程马拉松、山地自行车、露营大会） |
| 2017年5月 | 3天 | 瓮安县 | 多彩贵州·生态黔南2017中国·瓮安"农商银行杯"国际山地户外运动挑战赛（越野跑、山地自行车、皮划艇、导航越野、逃生墙、桥降、溜索、"背背篓"） |
| 2017年4月 | 2天 | 福泉市 | 2017"多彩贵州"自行车联赛福泉站（山地自行车） |
| 2016年9月 | 3天 | 瓮安县 | 中国·瓮安国际山地户外运动系列挑战赛（越野跑、山地自行车、皮划艇、导航越野、逃生墙、桥降、溜索、"背背篓"） |
| 2016年8月 | 2天 | 福泉市 | 2016贵州·福泉古城山地自行车赛（山地自行车） |
| 2016年8月 | 3天 | 都匀市 | 第24届亚洲攀岩锦标赛（室外攀岩） |

2. 黔南州山地户外赛事影响力分析

大型体育赛事活动的影响力直接关系到赛事活动的产业带动能力，因此，在赛事影响力的分析中，基于黔南州山地户外赛事活动的开展情况选取黔南州最具有影响力的稳定赛事活动作为案例，同时将其与兴义户外运动大会进行对比分析。瓮安山地户外挑战赛从2013年开始发端，逐步打造成为国际性的山地户外大赛，该赛事是目前国内最高级别的国际户外运动赛事。每年吸引了众多来自全国和国外的选手参加比赛，赛事影响力一度掀起了山地户外热潮。此外，瓮安山地户外挑战赛不断丰富赛制内容以吸引参赛选手，并通过增加趣味及民族特色增强观赏性。从2013年开始，黔西南兴义以"峰会"的形式拉动旅游和户外运动的发展，于2015年起打造国际山地体育旅游暨山地户外运动大会活动品牌。该活动获得国家认定，是当今国内仅有的以山地体育旅游为主题进行运作的国家级、国际性峰会。虽然瓮安是赛事，兴义是峰会，二者在形式上有所不同，但是二者同为国家级赛事，具有国际影响力。借助百度指数的大数据信息，对比二者在2018年10月的搜索指数、资讯指数和媒体指数，从图5中可以明显看出，在2018年10月期间，兴义与瓮安在活动前后的赛事效应期内容都呈现出峰值波动，但是"兴义"的搜索量要明显高于"瓮安"。此外，由图6资讯指数走势及图7的媒体关注走势构成的资讯关注可以发现，瓮安的媒体信息关注量远低于兴义。综合来看，不难发现瓮安作为黔南州具有代表性的山地户外赛事活动，其赛事影响力明显低于同级别的兴义山地峰会活动。这与兴义峰会活动的运作模式不无关系。兴义峰会虽名为峰会，但在活动品牌打造过程中，围绕峰会开展山地赛事、体育旅游、民族活动等一系列配套的联动活动。而瓮安则是从独立赛事IP，逐步成为峰会的联动赛事之一（图5~图7）。

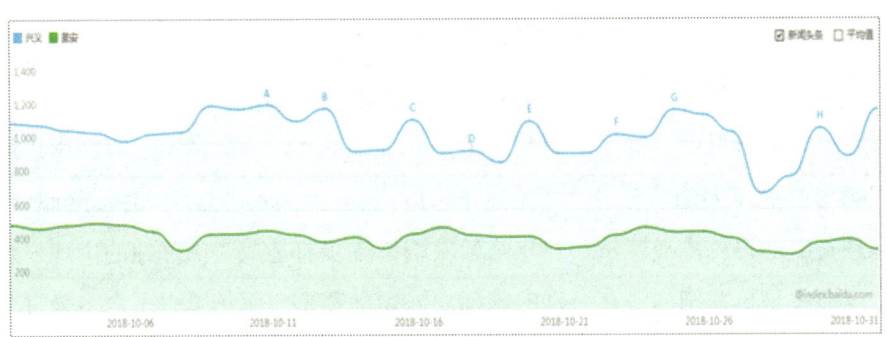

图5　2018年10月"兴义""瓮安"搜索指数走势对比（来源：百度指数）

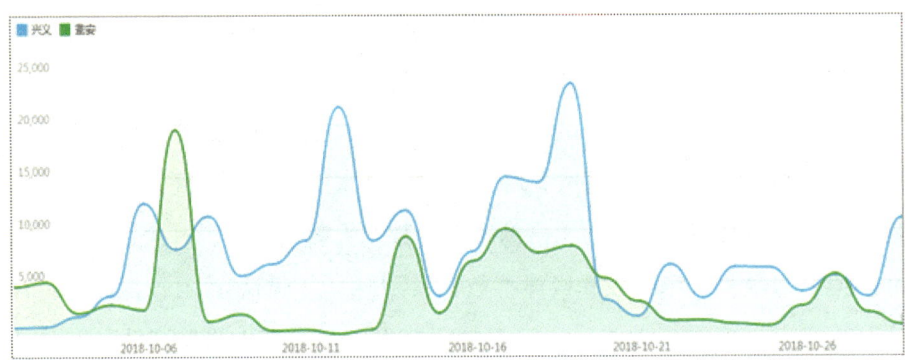

图6　2018年10月"兴义""瓮安"资讯指数走势对比（来源：百度指数）

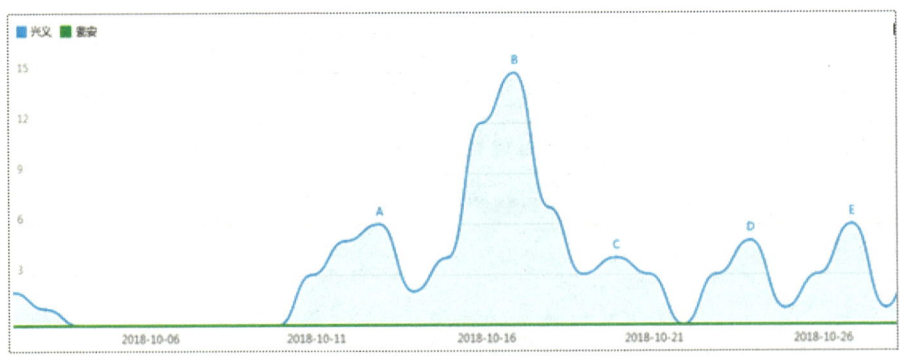

图7　2018年10月"兴义""瓮安"媒体指数走势对比（来源：百度指数）

### （三）山地户外从业人员情况分析

对山地户外运动专业人才的要求不同于对一般体育人才的要求，因项目开展具有高风险、高资金、耗时长、高技术、高强度的特点，对专业人才掌握的体育技能、地理知识、应急救援、心理素养等方面提出了较高的要求。目前，黔南州专业性的人才极为缺乏，极少有专门进行山地户外项目管理、营销、组织、指导、培训的高素质人才。地方高校虽然开设有山地户外相关课程，但课程内容单薄，没有系统化培养模式。而黔南州又极少开展相关的人员技能培训活动，体育部门到目前为止没有开展以山地户外为主题的户外从业人员培训工作。只有重视人才培养加大人才引入，激活专业人力资源市场，才能增强黔南州山地户外活动的专业性，提高山地户外产业的竞争优势。

## 四、黔南州山地户外运动体育产业集群化发展的应对策略

### （一）明确户外发展的优势IP

#### 1. 通过优势山地户外体育项目带动其他体育项目发展

户外运动并不是一个项目，其涵盖范围非常广阔。从空间角度来看，可以划分为地上运动项目、水中运动项目、空中运动项目；从地理角度来看，可以划分为山地户外项目、雪域户外项目、荒漠户外项目等。黔南州当前以山地户外运动为着力点发展，但是在实际调查过程中却明显存在认识误区，即对山地户外运动的概念模糊，项目界限不清晰。黔南州实际开展的山地户外运动外延非常广阔，目前主要的项目包括定向运动、马拉松运动、水上皮划艇、攀岩、山地自行车、漂流、汽车拉力赛等。这些项目有的属于户外，有的实际并不能归属为户外运动。多项目共同发展可以形成百花齐放的局面，也有利于探索积累发展经验。但是从长远规划来看，过多的项目同时进行，不利于优势资源的集中，也不易形成稳固的品牌，无法发挥产品的品牌效应，最终就是"活动开展不少，亮点特色不多"的结果。因此，结合黔南州的实际情况，同时考察贵州省整体发展布局，建议利用好山地形式和岩体资源，优先发展以攀岩—探洞为代表的高端户外项目，

山地越野跑—自行车—马拉松等面向中低端消费的项目，从一项或者二三项开始以"点—连线—带面"的方式渐进式发展。

2. 打造山地户外活动产业链形成具有品牌影响力的IP品牌

通过对黔西南州山地户外产业的打造过程进行分析，可以发现，黔西南山地户外产业发展始终围绕兴义的户外运动大会进行打造。黔西南州兴义市从2015年开始连续四届成功举办该峰会活动，参会人数及赛事影响力逐年成倍增长，已经形成了具有国际知名度的山地户外IP。2018年，围绕大会开展大大小小近30多项子活动，极大地带动山地户外活动的整体发展。2015年以后，兴义市旅游收入年均增长50%以上。优势的IP为黔西南州山地户外产业的发展打造了一个国家级具有国际性的平台。2012年，黔西南州在发展起步阶段境内旅游接待达1650万人次，旅游总收入仅125亿元。2018年，黔西南州接待的游客达到6339万人次，旅游总收入大幅度提升，达到509亿元。反观黔南州在打造山地户外活动品牌时，缺乏品牌意识，不能将赛事活动的效益最大化地发挥。连续六年瓮安山地户外大赛的品牌打造疲软，始终不能做大做强成为独立IP，最终瓮安的国际山地户外运动系列挑战赛成为兴义户外运动大会的联动赛事活动之一。因此，黔南州要打造自主的赛事IP品牌就必须不断丰富活动形式，以赛事活动为平台，以活动带动活动形成赛事活动链，从而发挥赛事集群的影响力，打造优势IP品牌。

### （二）打造优势聚集地

1. 规划以地理优势为范畴的山地户外活动区

打破各自为政的简单行政化片区发展模式，形成"集中规划促进地方活动，地方活动丰富集中规划"的新思路。黔南州牵头规划优势山地户外活动区，如以探洞崖降为主的天坑群区、以越野、定向、山地自行车为主的丘陵地貌区。以地理区域资源为引领，构建以黔南州整体规划大型活动为主，各地区积极响应设计子活动配合的形式，打造黔南州山地户外优势活动区，以优势活动区为基础，打造特色山地户外活动中心或山地户外体育小镇。

## 2. 以优势山地户外活动区为基础引入山地户外制造业

产业集群理论明确表明生产制造业在集群发展的过程中地理聚集效应十分显著。通过在优势山地户外活动区内借助地理区位优势、积极破除制度壁垒落实政策创新、建立资源信息交互服务平台等手段，吸引外来资本投入建立黔南州山地户外制造业产业园。积极培育多元化的山地户外产业主体，以切实的行动促进黔南州山地户外产业主体壮大是实现黔南州山地户外体育产业健康、长效、持久发展的必经之路。而产业主体的健康发展，自然会形成专业人才的集聚，为产业发展进一步提供动力，形成良性循环。

### （三）发挥赛事集聚效应

体育竞赛表演与健身休闲是体育市场供给的主要产品，在体育产业的相关分类中被划归为核心主体产业。值得注意的是在举办各类山地户外运动相关赛事活动时要重视体育赛事所具有的即时性和时效性的产品特点，把握并尽最大可能地发挥每一次活动在效益阶段期内的集聚作用。这种集聚的优势体现在几个方面。首先，也是最重要的优势就是可以集聚巨大的吸引力和关注度。体育活动天生具有吸引力，山地户外运动因其自然、健康、刺激等因素可以吸引众多的关注。其次，巨大关注度的山地户外赛事将会形成资本的聚集。体育赛事运作过程中形成的无形资产是商家乐于投资的对象之一。再次，大型的体育赛事将会形成专业产品和专业技术的聚集。山地户外运动的特殊性决定了活动中对设备和技术的要求极高，通过大型赛事的开展将有利于新技术的引入和创新，促进地方技术的创新发展。最后，赛事的集聚会带来人才的汇集，进一步形成专业人才的集聚。人才的集聚将为山地户外产业的发展提供新的动力源。而发挥山地户外赛事的集聚效应可以通过提高赛事质量来完成，此外，还可以通过丰富赛事周边活动，拓宽赛事活动的影响时间段来扩大赛事效益阶段期最终达到发挥赛事集聚效应的作用。例如，结合黔南州丰富的民族文化，在民族活动活跃时期，借助民族活动的吸引力举行户外体育赛事活动，既丰富活动内容又能增加户外赛事的关注度。亦可在山地户外赛事活动中引入民族元素，达到既为赛事增添风采又能宣扬民族文化的

双重效益。此外，将山地户外赛事活动与旅游、文化、茶产业等进行创新性结合，形成联动效应。

## 结　语

体育产业的集群可以在时间和空间的范畴上产生多层次的聚集效应。黔南州在发展山地户外体育产业时，需要认清这一特点，积极打造地理范围的优势山地户外聚集区，同时努力发挥自身优势，结合区域内的文化积淀、民族特色、旅游资源，全方位规划打造山地户外项目链或以山地户外活动为平台构建山地户外联动赛事群，利用时间上的集聚效应扩大体育赛事的影响力，扩展赛事品牌及地方文化的知名度，提升区域赛事活动品牌竞争力。并借此来吸引资本关注，积极调整产业政策进行招商引资，引入山地户外相关活动的制造业。加大对专业人才的吸引力，以区域山地户外产业主体的发展形成人才聚集区，同时发挥地方高校人才培养效用，创新山地户外人才的培养模式，才能引发人才的集聚优势。最终，从整体上推动黔南州山地户外体育产业的聚群发展。

执笔：凌　媛

# 马拉松赛事与旅游产业融合发展的动力与路径选择

**摘要**：采用文献资料、逻辑分析等方法，通过对马拉松赛事与旅游产业融合发展的动力因素进行分析，探寻我国马拉松赛事与旅游产业融合发展的路径，为马拉松旅游产业的可持续发展、实现全域旅游的战略目标提供思路。主要结论：在提升赛事服务水平，理顺管理体制与运行机制的前提下，搭建融合平台、夯实融合基础、强化融合条件，达成外在耦合；整合马拉松旅游资源，找准双方融合关键点，将马拉松赛事与旅游景区、特色小镇建设、地方旅游节事活动相结合，充分发挥专业旅游服务机构在马拉松旅游化产品开发、设计中的作用，实现内在融合。

**关键词**：体育旅游；马拉松赛事；产业融合

2009年以来，国家大力助推体育旅游，相关部门先后出台多项规划、政策，从政府层面描绘了体育旅游发展蓝图，为体育旅游的稳步发展提供了政策保障，体育旅游市场逐年扩大，成为旅游行业中增速最快的细分领域。2018年，文化和旅游部、国家体育总局联合发布的《体育旅游发展报告》显示，马拉松旅游正在成为拉动目的地旅游发展的重要引擎，形成了市场规模持续攀升的"马拉松旅游经济"。基于马拉松赛事与旅游产业的发展已逐渐从自发探索、局部融合向全面深化、深度融合的新时期迈进，本研究力图厘清马拉松赛事与旅游产业融合发展的动力因素，探寻我国马拉松赛事与旅游产业融合发展的路径，为马拉松旅游产业的可持续发展提供理论支撑。

## 一、马拉松赛事与旅游产业融合发展的动力因素

### （一）根本动因——消费需求提档升级

在消费升级的体验经济时代，体育消费方式由实物型向观赏型和体验型转换，旅游市场逐渐从观光游向体验游扩展。2017年，国家旅游局、国家体育总局认定的33项首批"国家体育旅游精品赛事"中，马拉松赛事首屈一指，共8项入围。以参与马拉松赛事的方式去旅行成为当下热门旅游主题之一，越来越多的参赛者选择赛前或者赛后在比赛地周边游玩，"一人参赛，全家助威""一人参赛，全家旅游"正在成为一种颇受青睐的新型体验式旅游模式，为满足消费需求的不断高级化，各大马拉松旅行社、马拉松赛事旅游网站应运而生，它们兼具马拉松赛事和旅游双重特色，推出了围绕赛事开发的相关旅游套餐产品，提供国内外赛事报名、马拉松旅游护照、交通、住宿、景点门票、当地游览体验等项目，形成了市场规模持续攀升的"马拉松旅游经济"。

### （二）内在动力——自身互动发展的需要

从消费的观点来看，体育消费与旅游消费具有先天的共生性、融合性，两者相互支撑，体育作为内容，提升了旅游的资源价值；旅游作为渠道，拓展了体育的实现方式。目前，我国体育产业链条还不够完善，商业模式单一，而旅游产业的商业模式较为完整，食、住、行、游、购、娱，都是旅游的商业模式。将体育赛事纳入"大文化"范畴，主动融入旅游产业发展中去，正好把体育产业的价值延伸到旅游产业中变现。旅游是发展体育产业的重要推力，体育是推动旅游产业的动力引擎和内容资源。经过几十年的高速发展，旅游行业正面对日益激烈的竞争挑战，如越来越多的高端消费人群外流，选择出境滑雪、跑马、登山、观赛等，改变中国旅游业贸易逆差，旅游产业亟须整体转型升级。旅游产业中的旅游景点属于平台产业，内容使平台增值，如果平台产业仅简单依靠旅游观光作为平台内容，开发价值显然较低。现阶段，相较于其他大型赛事，马拉松赛事的"投入产出比"更高，赛事的短期"集聚功能""眼球效应"可以吸引到赞助商、合作商的资本投入，大量涌入的人群可以带来参赛与旅游消费需求的迅速增长，有效解决传播问题与旅游业的淡季问题，弥补景区季节性的波动，从而使"淡季不淡"。马拉松赛事的长期"扩散效应"，以及参赛者通过参赛体验、情感互动所产生的需求黏性、"常来常新"，能够有效解决旅游业的回头客问题，实现文化产品的价值。2018年中国田协马拉松金牌赛事——凉都·六盘水夏季马拉松举办期间，举办地六盘水市钟山区接待游客58.7万人次，同比涨幅30.1%，旅游业总收入7.04亿元，同比涨幅45.76%，其中入境参加赛事的游客130人。京都·六盘水夏季马拉松的圆满举办延长了旅游高峰季节，对"贵州屋脊 中国凉都"的城市形象塑造、打造国际标准化的大健康休闲旅游城市都具有积极的促进作用。

综上所述，实现马拉松赛事与旅游产业的融合互动能够弥补各自发展之不足。将旅游元素融入体育产业中来，凭借旅游产业建构体育商业模式，发掘和提升产业价值；把体育元素植入到旅游产业中去，依托体育赛事的独特吸引力聚集旅游人口，延伸旅游产业价值。

## （三）外部推力——利好政策的持续催化

"十三五"时期，国家将体育与旅游两大重要产业类别纳入需大力发展的五大幸福产业，为打破体育与旅游产业的界限与隔阂，政府层面发布了众多利好政策从体制机制上扶持、促进两大产业的融合发展。2014年，《关于加快发展体育产业促进体育消费的若干意见》正式颁布，首次提出积极拓展业态，将促进体育旅游关联产业的融合作为六大主要任务之一；2015年，中国田径协会决定放开马拉松赛事的审批工作，降低准入条件，这对于资金匮乏，缺少重要旅游资源的部分城市、乡村，试图通过打造具有当地特色的马拉松赛事进而带动旅游产业的发展提供了新的契机；2016年，国家体育总局与国家旅游局联合制定《全国体育旅游发展纲要》，发布《关于大力发展体育旅游的指导意见》；2017年，国家体育总局放宽办赛条件，鼓励社会力量积极参与，相关政策的颁布实施，推动了以马拉松赛事为龙头的群众体育迅猛发展；2018年1月，国家旅游局、体育总局等11部门联合出台《马拉松运动产业发展规划》，根据规划目标，未来3年中国马拉松无

论是赛事场次还是赛事规模都将再次迎来大爆发,为大力深化赛事"放管服"改革,为马拉松与相关产业融合营造宽松有序的发展环境,将建立"马拉松+"联合跨界的行业互动发展机制,形成"马拉松+休闲""马拉松+旅游""马拉松+健康"等产业发展新形态;2018年3月,国务院办公厅发布的《关于促进全域旅游发展的指导意见》,明确提出推动体育与旅游融合发展,将有条件的景区、运动休闲特色小镇、体育场馆,打造成体育旅游综合体。以上利好政策,从政府层面描绘了体育旅游发展蓝图,马拉松赛事与旅游产业的发展也从自发探索、局部融合迈入了全面深化、深度融合的新时期。

## 二、马拉松赛事与旅游产业融合发展的路径选择

### (一)马拉松赛事与旅游产业的外在耦合

在中国田径协会取消赛事审批权的利好政策下,马拉松赛事持续井喷,蓬勃发展的同时,"管""服"步伐滞后、办赛质量良莠不齐、办赛主体鱼龙混杂、赛事服务跟不上等问题随之而来,日益凸显,给中国马拉松赛事的品牌文化建设带来负面影响,阻碍了马拉松赛事与旅游产业的良性互动发展。政策部门应进一步修订和完善管理文件,加强"放管结合"并不断"优化服务",充分利用马拉松赛事联盟、马拉松年会、论坛、博览会,组织行业指导、专家研讨、经验交流、赛事观摩,共同探索马拉松赛事运营与管理的新模式,全面提升马拉松赛事供给、品质和管理服务水平。

在提升赛事服务水平,理顺管理运行机制的前提下,搭建融合平台——构建体育与旅游部门长效沟通机制,为管理部门与运营公司的业务交流、信息沟通开畅通道,实现多方合作共赢;完善体育与旅游产业融合发展的相关保障政策,积极引导马拉松运动消费,促进马拉松赛事与旅游产业的协同发展力;夯实融合基础——为关联企业提供资金扶持,加大对马拉松赛事资助的力度;强化融合条件——培养既熟悉体育赛事又具备旅游产业专业知识的复合型人才,达成马拉松赛事与旅游产业的外在耦合。

### （二）马拉松赛事与旅游产业的内在融合

有效整合马拉松赛事旅游资源，找准马拉松赛事融入旅游产业的关键点，将马拉松赛事与旅游景区、特色小镇建设、地方旅游节事活动相结合，强化核心竞争力，充分发挥专业旅游服务机构在马拉松旅游化产品开发、设计中的作用，是实现马拉松赛事与旅游产业内在融合的主要途径。

1. 赛事举办地与旅游景区相结合

由于城市资源有限，单个城市难以频繁地举办城市马拉松赛事。然而，当前我国共有A级景区10300多个，其中259个5A级景区、3034个4A级景区，景区良好的基础设施及接待能力，完全能够为马拉松赛事提供基础的物质保障，而不影响正常的城市生活。旅游景区既是旅游资源，又是体育资源，既可以参观游览，又可以举办徒步、马拉松、越野等比赛。通过与基础设施完备、口碑形象突出、旅游吸引力良好的景区联动发展，举办融合自然景观资源、地方特色与传统文化的马拉松主题赛事，将旅游景区打造为马拉松旅游目的地，增强赛事本身吸引力的同时，成为景区的"流量担当"，景区的影响力也将会持续提升。

据马拉松赛事网统计，2014年与举办地景区有直接关联的马拉松赛事数量，占全年马拉松总赛事的13.8%，2015年上升为20.9%，景区马拉松赛事数量与日俱增。有在全国具有影响力、在著名景区举办的马拉松赛事，如长城、杭州西湖、黄山、泰山、贵州黄果树马拉松等；有在地区具有影响力、在景区举办的马拉松赛事，如西昌邛海、苏州金鸡湖、成都都江堰双遗马拉松等；有以推动新兴旅游线路、景区打造的马拉松赛事，如雄安马拉松、江西新余仙女湖环湖国际马拉松四季联赛等。2017年9月，浙江省旅游局打造省重点旅游发展项目——"诗画浙江景区马拉松"联赛，计划在5年内在全省修建10个"景区活力马拉松"项目枢纽站，举办3200场形式多样的景马赛事。

2. 马拉松主题元素与特色小镇建设相结合

特色小镇是新时代发展的衍生物，将马拉松主题元素与特色小镇建设相结合，打造以马拉松运动为主体，覆盖赛事组织、跑步训练、运动康复疗养、从业者培训、文化传播、休闲旅游等多个功能板块于一体的马拉松主题小镇，助推马拉松旅游经济发展。现阶段，在体育特色小镇如火如荼的建设中，全国已有4家体育特色小镇开始了以马拉松为主体的积极尝试：浙江海宁马拉松体育小镇依托其景区知名度，在长期性举办马拉松赛事、跑步培训的同时，兼顾发展群众基础较好的自行车、户外运动项目，配套主题酒店、房车营地等休闲旅游产品服务，形成体育与旅游高度融合的特色示范小镇；上海崇明国际马拉松特色小镇围绕"全球路跑胜地"的发展定位，以国家级体育训练基地为依托，带动业余马拉松培训，举办各类高规格马拉松论坛、年会，系统培养产业人才，构筑马拉松产业智慧高地；安徽大圩通过建设智能化跑道、马拉松部落、乐园、历史文化馆，举办各类马拉松赛事、文化节、高峰论坛、摄影大赛等系列活动，由传统农业小镇、地方景区向马拉松小镇转型升级；世界文化与自然双重遗产地——福建武夷山，通过体育与旅游的融合，建设马拉松小镇，举办系列品牌赛事，打造武夷山马拉松城市新名片，其知名度、美誉度得到进一步提升。

3. 马拉松赛事与地方旅游节事活动相结合

节事活动作为一种提升旅游目的地的特殊旅游营销手段，已日益成为世界各地旅游发展的重要吸引物。节事活动与旅游相结合形成的旅游节事活动（Event Tourism）是依托某项或某一系列旅游资源，以各种活动举办、节日庆祝为核心吸引力，带动一系列旅游消费的特殊集会。与常规旅游活动相比，它具有更显著的社会经济效益和强大的生命力，各地方政府纷纷将旅游节事活动作为推动旅游发展、振兴旅游经济的重要方式，目前全国各类旅游节事活动达到5000余个，掀起了一股举办旅游节事活动的热潮。为全面精准展现当地旅游资源，满足游客多样化需求，这些规模不一，形式各异的旅游节事活动借助节中有节、以节套节的序列节事活动，实现了节事活动由平面向立体化发展的多样化转换。作为广义旅游节事活动之一的马拉松赛事，顺理成章，也应有机地融入地方民族性、宗教性、文化性、艺术性、娱乐性与地方产品展示性的旅游节事活动之中。

贵州省从江县依托自然的梯田风光和浓郁的民族文化资源，将从江国际半程马拉松赛与地方旅游节事活动"吃新节"有机融合，以"吃新节+马拉松"为主题，在赛事前后开展梯田农事体验，观看、参与"吃新节"篝火晚会、芦笙表演等具有苗族、侗族、壮族地方民族文化符号的节事活动，向参赛游客全方位展现原生态旅游与民族文化的魅力。以"体育的盛会、市民的节日、城市的品牌"为办赛定位的凉都·六盘水夏季国际马拉松赛在国内首次提出"马拉松日"概念，通过六盘水市人民代表大会审议，将马拉松比赛周的星期五确立为地方法定活动日"六盘水马拉松日"，以"六盘水马拉松日"为主题，开展手拉手爱心跑、马拉松训练营、全民健身项目展示等形式丰富多样、全民参与性极强的"马拉松日"系列活动。大众健身跑选手在比赛结束后，由志愿者引导至体育中心，参与组委会精心组织的嘉年华配套活动，缓解赛道人流压力的同时，使得马拉松真正成为参赛游客、当地市民的节日。

4. 马拉松旅游化产品与参赛者需求相结合

依据伊丽莎白·B.N.桑德斯博士（Dr. Elizabeth B.N. Sanders）的消费者体验金字塔模型（图8）有利于深入了解跑者选择参赛目的地的体验需求，大众业余跑者选择参与一场马拉松赛事的需求无外乎以下三个层次：功能性、便捷性、愉悦性。功能性需求是基石，马拉松赛事为跑者提供了一个能够满足其目的性、功能性的平台。参与感、阶段性展现健康生活态度、实现自我价值、自我超越。当赛事目的地满足跑者最基本的需求之后，就需要考虑体验金字塔的上一个层级——便捷性，跑者会根据体验的便捷性，自主选择适合的参赛目的地。便捷性的实现，如交通的可达性、赛事报名的难易性、旅行的花销及时间成本，可以为赛事目的地带来较大的竞争优势。满足跑者以上需求，吸引到目标人群以后，就需要以参赛者愉悦性需求为导向，依托当地旅游资源禀赋，自然景观的多样性和文化的差异性，为目标人群设计丰富多样的旅游产品，如赛事体验型产品、赛事休闲型产品、文化型产品、会展型产品、动态型产品、静态型产品（马拉松文化博物馆、展览馆）来承接流量，为不同性别、不同年龄组、不同训练层次的跑者提供全方位的参与赛事的机会。

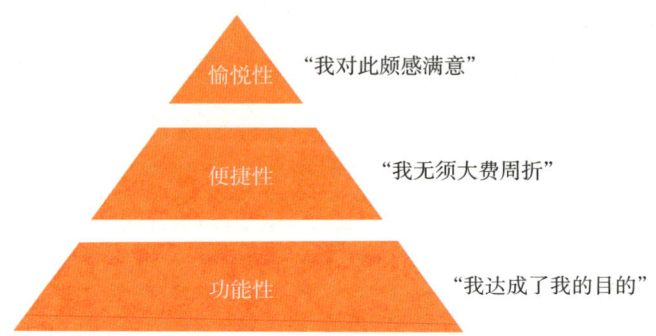

图8 消费者体验金字塔模型

打造成熟的赛事旅游产品体系也离不开专业性旅游服务机构的参与，利用其专业优势，将掌握的赛事旅游资源与其他相关要素（住宿、交通等）相整合，开发、设计旅游线路，形成特色化、品牌化、高端化、层次多样化的马拉松旅游产品。当专业旅游服务机构逐渐成为赛事旅游的参与者、主动者，马拉松赛事与旅游产业的互动发展将会更上一个台阶。

## 结　语

实现马拉松赛事与旅游产业的融合互动能够弥补各自发展之不足，马拉松赛事与旅游产业的发展已逐渐从自发探索、局部融合向全面深化、深度融合的新时期迈进，为促进马拉松旅游产业的可持续发展、实现全域旅游的战略目标，应努力构建体育与多部门长效沟通机制，完善相关保障政策，加大马拉松赛事资助力度，积极引导马拉松运动消费，培养体育旅游复合型人才，充分整合马拉松旅游资源优势，找准双方融合的关键点。

执笔：任　贵　顾晓艳　张启启

# 遵义体育旅游资源整合研究[①]

**摘要**：在我国社会经济平稳发展的背景下，人们对高品质生活的无限追求，使之越发崇尚休闲、健康的生活方式，体育消费和旅游消费也持续增长。在这样的时代下，传统旅游方式已难以满足人们日益膨胀的需求，而其与体育产业之间的耦合并非偶然。体旅融合能够为游客带来更加深刻的参与体验，同时拥有在愉悦身心、强身健体等方面的功能优势。因此，体育旅游备受青睐，展现出了巨大的市场需求，是当下最具发展潜力的朝阳产业之一。在此过程中，科学、有效的资源整合对促动体育旅游发展有着非凡的价值意义。本文基于对体育旅游发展及资源整合原则的概述解析，重点就遵义体育旅游资源整合策略进行了探究。

**关键词**：体育旅游；资源整合；原则；策略

大力发展体育旅游，是满足人们对美好生活向往的生动实践，其本身产生了巨大的经济价值和社会价值，因而备受关注。遵义地处云贵高原大娄山山脉中段，有着十分丰富的自然生态资源，作为我国首批历史文化名城，传承悠久，同时又是我国知名的红色文化阵地，吸引着大批游客来访。但是，遵义市本身属于西部经济欠发达地区，体育旅游起步较晚，资源整合力度欠缺，虽然成功举办了多项体育旅游相关的赛事，但是相较于东部发达地区仍有诸多不足，进一步深度整合体育旅游资源至关重要。

---

① 本文是2018年度贵州省体育产业和体育旅游研究课题成果之一。

## 一、体育旅游发展概述

体育旅游是体育产业的重要构成，同时又是旅游产业发展的新亮点，其彼此间的耦合为人们的休闲生活增添了无限色彩。尤其是随着社会经济发展，人们对品质生活的要求越来越高，面对巨大的需求市场，体育旅游日渐成为我国最具活力的朝阳产业之一。现阶段而言，自"体育旅游"兴起发展到今，引发了学术领域的高度关注，很多学者从不同学科角度进行了论述，但始终未有达成共识。其中，谭白英（2002）认为，体育旅游是一种主题旅游，是指离开常住地到某一目的地以参加或观赏体育活动为主要内容的非营利性质的旅游活动。在充分借鉴前人结论，并结合当下体育旅游发展的情况下，本文认为所谓"体育旅游"即指为了满足旅游者体育需求，包括愉悦心情、强身健体等，依托自然资源或人文资源，以体育运动为手段组织的特色旅游活动。综合来看，体育旅游具有明显的娱乐性、健身性、参与性以及观赏性等特征，为人们亲近自然塑造了良好的空间环境，有助于他们释放压力、陶冶情趣，同时还能从中获得丰富的知识和阅历，继而满足了其身心健康需求，因而备受游客喜爱。在此过程中，体育旅游资源是体育旅游发展的基础和先决条件，大致上可分为自然资源和人文资源两类，具体包括山林、水域、花木、民俗等，其有效开发至关重要。

## 二、体育旅游资源整合原则

遵义居于贵州省北部，属亚热带季风气候，常年温润湿凉，是我国历史文化名城，并且曾获国家森林城市、国家卫生城市、中国优秀旅游城市等多项殊荣，在发展体育旅游方面有着得天独厚的优势。同时，习近平总书记曾在视察贵州时指出，要走出一条"有别于东部、不同于西部其他省份的发展新路"，因此遵义体育旅游发展，应当立足自身实际情况，依托市场需求指导，实现体育产业与旅游产业耦合升级。在具体的践行过程中，遵义体育旅游资源整合至关重要，其根本目标是充分发挥自身自然资源以及人文资源丰厚的典藏优势，以体育运动为核心，不断完善基础设施、产品配置以及公共服务等，构建一个与贵州省旅游发展、游客需求高度契合的体育旅游生态。在此过程中，有效的体育旅游资源整合并非一蹴而就，需要建立在科学的市场调研分析基础上，循序渐进地科学组织，应当遵循市场导向、协同发展、突出特色等原则。具体而言，在区域产业发展融合背景下，重视遵义与贵州省其他特色体育旅游资源的优势互补，在协同发展的原则导向下，紧跟经济市场发展潮流，对这些资源进行重整、筛选和再造，突出自身特色，以建立良好的对外形象，继而吸引大量游客参与，实现经济价值、社会价值的双重创造。

## 三、遵义体育旅游资源整合策略

体育旅游行为的发生是以旅游资源的吸引力为前提，依托丰富旅游资源和特色体育项目，提高本区域产业竞争力，在此过程中，体育旅游资源整合的核心是整合体育旅游资源优势。作者基于上述分析，结合实际情况，有针对性地提出了以下几种遵义体育旅游资源整合策略，以供参考和借鉴。

### （一）产品整合

在遵义体育旅游发展结构下，地方特色不明显，品牌效应尚未生成，可代替性大，削弱了其市场竞争实力。针对此类情况，依托巨大的经济市场需求，遵义应充分把握好体育旅游发展新契机，打造产品多元化布局，满足不同受众群体的个性化需求，创新开发体育项目，如休闲类、健身类、观赏类、刺激类以及竞技类等，充分发挥自身自然生态资源优势，从而覆盖更大的需求市场，从根本上解决体育旅游资源开发中的季节性、单一性问题。近年来，随着社会经济发展，人们的生活水平日渐改善，加之国家系列全民体育政策的实施，国民对体育锻炼的认知及重视程度不断提高。在这样的环境背景下，体育旅游以精准的市场需求为切入点，展现出了独特的产业发展魅力，并日渐成为重要的旅游产品。事实上，据遵义市文化局党组书记龙庆松介绍，现在遵义根据汇川区特点，开办了越野、船渡、技能、驾驭等多类主题A级赛事，同时依托丰富的山地资源，还举办了踩高跷、山地自行车、漂流等体育旅游项目，塑造了本地独特的魅力形象。基于此，遵义应在即有经验总结的基础上，不断发展创新，开发更多优质体育旅游产品，有机地将本地特色文化凝聚在一起，为游客打开深度旅游体验的窗口。在具体的践行过程中，遵义市应根据自身特点，加强对民族文化、地理资源的开发，

依托怡人的景色气候，重点开发休闲娱乐、参与体验为主题的运动旅游产品，并结合经济市场需求导向，不断改善创新，丰富体育旅游产品体系，推动整个区域内的经济社会发展。同时，基于充分的实地调研，打造体育旅游精品线路，借助互联网络加大宣传力度，通过图片、影像、视频等方式呈现给受众，塑造遵义良好的体育旅游形象。

## （二）市场整合

游客是体育旅游发展的基本，对其需求的精准定位为体育旅游发展提供了必要的导向支持。从某种维度上讲，市场整合的目的是实现产品与市场的对接，其首要目标应以市场为导向，全方位了解游客需求动态变化，科学解析本区域体育旅游产品的共性和个性，对体育旅游供给要素进行重整包装，突出特色魅力，从而提高游客感官体验，在满足其需求的同时，有效避免体育旅游行业内部恶性竞争，形成规模效应。据有关调查结果显示，当前参与体育旅游的人群的年龄结构趋于多元化，以中青年为主，并普遍具有较高的文化素养，更希望在此过程中感受民俗、放松身心，尤其关注互动式参与。在此基础上，遵义体育旅游资源整合，应注重细分市场，针对不同群体开发、设计差异化的体育旅游项目，提高产品及服务与游客需求之间的契合度。如此才能获得良好的市场反响，为实现可持续发展战略目标打下坚实的基础。在具体的实践过程中，依托大数据分析技术，深入体育旅游市场，并定期开展多样化跟踪、分析、调研工作，及时掌握经济市场需求动态变化。在创新思维的牵引下，升级再造即有体育旅游项目，推出富有特色的新型体育旅游产品，保持对游客持久的吸引力，并由此积累雄厚的资本，为遵义体育旅游资源深度整合提供财力支持。在此过程中，对创意人才的需求缺口不断扩大。为此，遵义应大力推进人才发展战略，了解体育旅游竞争的本质与核心，加大对人才发展的服务支持，基此实现体育旅游资源的深度整合，并由此产生巨大的社会效应，实现旅游经济增长目标。市场整合是一个动态发展的过程，应强调多主体持久性互动参与，为遵义体育旅游市场整合提供必要的信息依据和支持。

### （三）服务整合

客观维度上讲，遵义属于国家西部地区，经济欠发达，这就决定了其对旅游产业发展的投入不足，相关配套设施建设亟待完善。尤其是体育旅游发展，对基础设施的要求相对较高，遵义当前的状态并不能满足于此，降低了体育旅游的服务质量，是制约该项产业发展的关键因素。同时，值得重点指出的是，体育旅游资源整合的有效实践，必须要打破地域界限，以服务游客为目的，依托城市核心，加大对交通环境的改善建设，构建集航空、铁路、公路、水运等功能配套服务为一体的交通网络，充分发挥各种交通方式的整体优势和组合效率，为游客提供便捷的出行体验。信息化时代，互联网络应用打造了信息传播新生态，并对人们社会生活的各个方面产生了深刻影响，是游客了解体育旅游的重要方式。对此，遵义体育旅游发展，要注重紧跟时代潮流，依托先进科技导入，搭建遵义体育旅游信息网络平台，将图形、属性以及各类说明等信息整合在一起，为游客提供图、文、声为一体的信息导向服务，提高服务工作效能，在布局全国市场的同时，赢得更多游客的青睐。与此同时，重点建设游客集散中心和旅游信息中心，及时关注经济市场发展动态，并收集与之相关的支撑数据，反馈给旅游行政部门及相关企业，促动遵义体育旅游资源整合实效性发展，实现信息共享新格局，这对提升游客的参与度亦有莫大好处。知识经济时代，人才是现代社会竞争的核心，亦是遵义体育旅游发展的关键支撑，因而对人才资源的整合开发至关重要。在具体的践行过程中，依托高等院校人才培育主阵地作用，深化教学研一体化发展，建立科学的旅游人才培育体系，同时引导相关企业积极参与，为遵义体育旅游发展提供丰富的智力支持。

### （四）机制整合

遵义体育旅游资源整合亦是一个多部门互动参与的过程，包括文化、交通以及旅游景区等，同时关联到多主体利益，如宾馆、饭店、旅行社等。尤其是随着市场经济体制改革，政府扮演着重要的主导性角色，包括观念主导、政策主导、资金主导等，是产业发展的"催化剂"。从客观维度上解析，我国当前阶段的市场经济体制变革尚未完全成熟，地区和行业间的旅游收益并非完全一致，因此，单纯地依靠市场整合体育旅游资源布局可行性，还需政府主导介入，统一规划部署、有机协调互动，促进各利益主体之间的联动，提高体育旅游资源利用率，并由此带来巨大的经济价值和社会价值。对此，贵州省采取了有效举措，出台了《关于加快发展体育产业促进体育消费的实施意见》，明确指出"大力发展健康运动特色体育产业，在亚高原康体养生特色发展集群区和其他山地特征明显地方，打造各类精品赛事"。同时，原国家旅游局、国家计委联合国务院西部开发办还编制了《西部旅游投资规划》，提出了一批西部地区旅游优先发展项目，其中不乏体育旅游相关的项目。基于此，遵义市政府亦需做出同等的努力，在国家及省系列政策支持下，进一步加大对体育旅游发展的引导，加大宏观调控力度，并逐步完善顶层设计，制定科学的协同发展战略，通过财政、税收等优惠政策，吸引更多社会资本的注入，同时促进相关利益主体的互动联合，竭力打造遵义体育旅游资源整合新生态，提高本地区体育旅游的市场竞争力。另外，在政府部门的统一协调规制下，进一步完善法律保障，规范企业行为和市场秩序，推动和谐社会主义生态建设，为游客提供浓郁的人文体验，并使之被遵义特色体育旅游所深深吸引。

### 结 论

遵义体育旅游资源整合十分重要和必要，是推动体育旅游产业深度发展的关键，更是其产生巨大经济效益的根本，其作为一项系统化工程，在具体的实践过程中，应始终遵循市场导向、协同发展、突出特色等原则指导，重视产品资源、市场资源、服务资源以及政策资源等多项融合，最大限度地发挥各类资源利用率，为体育旅游发展奠定扎实的支撑基础。笔者希望学术界持续关注此课题研究，结合遵义体育旅游发展实际，以经济市场需求为导向，有针对性地提出更多有效资源整合策略。

执笔：刘 玲

# 促进六盘水地区发展"山地旅游+体育"模式的对策研究

**摘要**：笔者采用实地调查法、文献资料法对六盘水地区的旅游景区和举办的体育赛事进行调查，并通过逻辑分析法对六盘水地区发展"山地旅游+体育"模式进行分析，探究促进六盘水地区发展"山地旅游+体育"的对策，认为当地可以利用自然资源优势，加强政府部门与社会企业组织的合作，通过举办体育竞赛、开展体育培训、组织户外体育活动和体育观赛的方式来促进"山地旅游+体育"模式的发展。

**关键词**：山地旅游；运动；体育旅游；户外运动

"旅游+体育"是近两年中国旅游产业投融资促进大会上大热的词汇，2016年，国家体育总局和国家旅游局签署了《关于推进体育旅游融合发展的合作协议》，"旅游+体育"的发展模式已成为市场中的一股新生力量。

2016年3月，贵州制定了"十三五"规划，在规划中提出要大力发展大健康产业和大力发展山地旅游业。同年11月底，国家体育局颁布了《山地户外运动产业发展规划》，要求各地方根据实际情况，加快推动山地户外运动产业发展。贵州92.5%的国土面积为山地和丘陵。贵州之贵在山地，贵州之美在山地，贵州之特在山地。六盘水作为贵州西部地区，其山地和丘陵众多，水、草、森林资源丰富，加之宜人的气候条件，是发展生态旅游和推行"山地旅游+体育"模式的好地方。

## 一、六盘水发展山地"旅游+体育"模式的优势

### （一）宜人的气候环境，适合开展夏季体育活动

六盘水位于贵州西部，包括钟山区、六枝特区、水城县、盘县，被称为"中国凉都"，属于亚热带湿润季风气候，冬无严寒、夏无酷暑。夏季月平均气温仅19.7℃，气候宜人，是消夏避暑的天堂，成为"中国十大避暑旅游城市"之一。得益于优良的气候条件，这里非常适合举办夏季马拉松比赛，而且每年的马拉松比赛都会吸引国内外好几万马拉松爱好者前来参加，马拉松赛事的举办，不仅推动全民健身运动的开展，也通过宣传避暑胜地，促进当地旅游业的发展。

### （二）得天独厚的自然环境，适合开展山地户外运动和水上运动

六盘水是典型的喀斯特地貌，地貌景观以山地、丘陵为主，森林、水、草资源丰富，结合这里的自然资源优势，当前已经开发和建成玉舍国家森林公园、乌蒙山国家地质公园、野玉海景区、明湖国家湿地公园、韭菜坪景区、牂牁江风景区等多处著名景点，这为当地发展生态旅游，主推"山地旅游+体育"的发展模式创造了条件。结合地貌特征和丰富的水资源，这里很适合开展汽车拉力赛、攀岩、定项越野、户外拓展、营地活动、滑草、摩托艇、帆船、游泳等运动。

### （三）地处海拔高地，可开展冰雪运动

六盘水海拔较高，其最高处为2845.7米，是贵州海拔最高的地方。其冬季平均气温3℃，冰雪覆盖可达3个月以上，近年来，六盘水依托独特的气候和地理环境，先后建成了梅花山国际滑雪场、玉舍雪山滑雪场、云海乐原滑雪场、乌蒙滑雪场4个世界上纬度最低的天然高山滑雪场，共有各类雪道18条，可同时容纳2万人进行滑雪运动。滑雪场地的修建既丰富了当地山地旅游的内容，也有助于推动贵州冰雪运动的开展，同时也为贵州乃至全国培养滑雪运动员创造了条件。另外，通过滑雪这个项目来全力打造冰雪旅游产业，不仅补齐了其在冬季旅游上的短板，这也将大大推动当地体旅的共同发展。

## 二、六盘水体育运动开展情况

### （一）六盘水国际马拉松开展情况

2013~2019年，六盘水共举办了七届马拉松比赛，赛事定位为体育的盛会、市民的节日、城市的品牌。2015年，六盘水国际马拉松比赛被授予金牌赛，被国家体育总局评为"国家体育产业示范项目"，2018年，被中国田径协会纳入"全国马拉松锦标赛"及"我要上奥运"系列活动。近年来，六盘水国际马拉松比赛的规模及参与人数如表6所示：

表6  六盘水夏季国际马拉松赛情况

| 名称 | 时间 | 人数（万） | 参赛国家和地区 |
| --- | --- | --- | --- |
| 2013凉都·六盘水夏季国际马拉松赛 | 8月10日 | 1.2 | 28 |
| 2014凉都·六盘水夏季国际马拉松赛 | 7月27日 | 2 | 32 |
| 2015凉都·六盘水夏季国际马拉松赛 | 8月15日 | 2.2 | 37 |
| 2016凉都·六盘水夏季国际马拉松赛 | 7月23日 | 2.6 | 47 |
| 2017凉都·六盘水夏季国际马拉松赛 | 7月24日 | 3 | 43 |
| 2018凉都·六盘水夏季国际马拉松赛 | 7月29日 | 3 | 48 |
| 2019凉都·六盘水夏季国际马拉松赛 | 7月28日 | 3 | 11 |

由表6可知，六盘水夏季国际马拉松的规模逐年增大，参与人数、参与国家和地区也逐年增多，这说明其在国内外的影响力也在逐步扩大，通过举办国际马拉松比赛既促进了当地体育运动的发展，也带动了当地旅游业的发展。

### （二）六盘水户外运动举办情况

近年来六盘水还承接和举办了国际、国内、贵州省内各项户外运动赛事、体育培训和营地教育活动，具体如表7所示：

表7 六盘水户外运动赛事、体育培训、营地活动举办情况

| 赛事/培训/营地活动名称 | 举办时间 |
| --- | --- |
| 中国汽车拉力锦标赛 | 2017年9月25日 |
| 贵州省足球协会E级教练员培训班 | 2017年10月16~18日 |
| 第七届中国摩托艇联赛牂牁江大奖赛 | 2017年11月17~19日 |
| 2018"营动中国"全国青少年户外营地夏令营活动六盘水站 | 2018年7月28日 |
| "多彩贵州"攀岩联赛（月照站） | 2018年9月6~9日 |

由表7可知，近两年来六盘水在积极承办国际比赛（中国汽车拉力锦标赛）、国内A级比赛（中国摩托艇联赛）、贵州省内最高规定的比赛（"多彩贵州"攀岩联赛）的同时，还在此进行了足球教练员的培训，并且在六盘水乌蒙大草原，还举办了2018"营动中国"全国青少年户外营地夏令营活动，这也是贵州首次启动这一活动的第一站。这些赛事、体育培训以及营地活动的举办，将进一步提高六盘水的影响力，也将有利于推动体育旅游产业的发展。

### （三）六盘水冰雪运动开展情况

六盘水现有四个滑雪场，为开展冰雪运动和打造冰雪旅游创造了有利条件，2018年1月15日，在六盘水开展了以"南国冰雪城·贵州六盘水"为主题的"2018年世界雪日暨国际儿童滑雪节"贵州六盘水分会场活动。此系列活动作为国际滑雪联合会倡导的一项全球性少年儿童滑雪盛事，活动秉承"体验、快乐、探索"的宗旨，通过组织丰富多彩的活动，使每位参与者有机会体验花样繁多的雪上运动，感知冬季自然生态环境的魅力，体验冬季运动的乐趣。在此主题下，六盘水举办了全国高山滑雪青少年邀请赛、贵州省第一届青少年冬季阳光体育大会、冰雪瑜伽等赛事与活动。

## 三、促进六盘水发展"山地旅游+体育"模式的对策

### （一）丰富体育赛事内容，打造品牌体育赛事，促进体育赛事可持续发展

近年在六盘水所举办的这些赛事中，仅有马拉松赛一项打出了品牌，并初步成为可持续性发展赛事。而要想更进一步推进体育与旅游的融合发展，还必须丰富体育赛事内容，打造出品牌体育赛事，并使赛事能够可持续发展。当地应该充分利用资源优势，打造出山地运动品牌、水上运动品牌、高山滑雪运动品牌系列赛事。另外，生态旅游是当前六盘水主打的旅游品牌，如果能够将生态旅游与民族特色旅游、饮食文化旅游等相结合起来将更加丰富旅游内容，也更能够促进旅游的多元化发展。例如，就马拉松比赛而言，在设计线路方面，以"最美跑道"为前提，将当地优美的自然景点与民族文化特色小镇以及特色饮食街相结合，让运动员和观众既能够欣赏到美丽的自然风景，又能体验当地的民族文化和品尝当地美食。通过品牌性、观赏性的体育赛事，吸引运动员和观众的到来，进而促进旅游业的发展。

### （二）打造生态体育特色小镇，做好旅游品牌宣传，促进体育与旅游融合发展

利用得天独厚的资源优势，打造生态体育特色小镇，做好生态旅游宣传，是六盘水发展体育旅游产业的可选方略。2017年，六盘水已建成"神雕峡"国际攀岩小镇，目前已经有5个攀岩区域，涵盖5.8~5.14D各种难度的攀岩线路120余条，这将吸引国内外更多的攀岩爱好者、职业攀岩者、国际友人等前来体验和挑战。除了攀岩小镇以外，当地还可以打造"牂牁"生态体育小镇，并打出"夜郎故地""绿色苍穹""凉都海南"等的旅游宣传口号，吸引水上项目的爱好者前来体验摩托艇、帆船、游泳等水上运动的同时，也可以通过渡轮的形式吸引游客来观光旅游。

### （三）修建运动训练基地，开展运动训练和体育培训，带动体育旅游产业发展

为了进一步发展体育旅游产业，六盘水可充分利用其资源优势建成一批户外运动基地，用于开展户外运动训练和体育培训，进而带动旅游的发展。例如，修建马拉松培训基地、定项运动培训基地、户外拓展培训基地、营地教育基地、滑雪培训基地等。另外，值得一提的是六枝特区牂牁镇国家生态型多梯度户外运动基地水上训练中心，当前已经成为中国皮划艇队备战2020年东京奥运会的训练基地，这既能为国家的水上体育项目的发展做出应有的贡献，又对宣传六盘水的旅游起到了积极的推动作用。

### （四）宣传"凉都"品牌，举办商业体育赛事和多种文化活动，推动旅游产业发展

六盘水应该在"凉都"这一品牌下，在夏季除了举办马拉松比赛外，还可利用政府、企业赞助与社会合作等形式，举办足球、田径（短跑、中长跑）、山地摩托车、汽车越野赛等商业比赛，同时还可以举办夏季音乐节、啤酒节等吸引年轻人的活动，只要长期在夏季举办这些活动，"凉都"品牌就会在全国慢慢打响，进而推动体育旅游的发展。

### 结　语

六盘水自然资源丰富，拥有得天独厚的地形和气候条件，是发展生态旅游，推行"山地旅游+体育"模式发展的好地方。近年来，六盘水通过举办体育赛事、体育培训和体育活动等，不仅推动了体育运动的发展，还带动了当地旅游业的发展，并促进了经济的增长。为进一步促进体育旅游的融合发展，当前六盘水可充分利用自身的优势，通过打造品牌体育赛事，打造生态体育特色小镇，修建运动训练基地和举办商业体育赛事和多种文化活动的对策来促进"山地旅游+体育"模式的发展，进而促进体育旅游产业的可持续发展。

执笔：杨昌美　肖庆群

# 安顺市旅游资源与体育产业融合模式研究

**摘要：** 安顺市的旅游资源与体育产业相互融合，应促进旅游产业与体育品牌融合、旅游品牌与体育产业融合、旅游市场与体育产品融合、旅游产品与体育市场融合、旅游服务和体育赛事融合、旅游项目和体育节庆融合、旅游产业和体育健身融合、区域内部体育旅游资源（产业）融合的合理融合与渗透，建立健全管理模式与系统，在新时期背景之下全面提升旅游资源与体育产业之间的融合效果。

**关键词：** 安顺市；体育；旅游；融合

在安顺市旅游资源与体育产业相互融合的过程中，主要从功能方面与资源方面进行融合，形成体育旅游产业模式。在一定程度上，可充分发挥安顺市的旅游资源与体育产业积极作用，形成良好的发展模式。因此，在安顺市实际发展的过程中，需重视旅游资源与体育产业的良好融合，制订完善的计划与合理的方案，在科学分析与研究的情况下，更好地进行产业融合，确保每项任务都能满足新时期发展背景之下的要求。

## 一、体育品牌与旅游资源融合

在体育品牌与旅游资源相互融合的过程中，应明确安顺市体育旅游产业经营目标，将体育品牌充分渗透到旅游资源之中，拓宽资源的获取渠道，充分发挥延伸融合与交叉融合方式的积极作用，以此提升整体工作效率与水平，优化各方面工作机制。对于体育品牌与旅游资源的融合而言，应创建策划组织与创新性的开发系统，形成新的产品，满足多样化旅游需求，在产业活动延伸交叉的情况下促

进资源合理融合。创建体育品牌的特色化融入机制与系统，形成体育旅游产品的突出性，拓宽销售渠道，更好地完成当前工作任务。体育品牌与旅游资源之间的融合发展，应创建资源与技术的融合体系，将市场融合作为导向，结合市场需求针对性地开展体育旅游产品创建活动，满足当前的发展需求，促进利益的最大化发展。在此期间创建长效的发展机制，将体育品牌与旅游资源的融合作为主要内容，形成良好的文化渗透工作模式，在产业创新与转型发展的背景下，结合安顺市的发展模式与趋势，更好地进行文化开发与整合，充分发挥体育品牌与旅游资源的融合作用，以此促进其长远进步与发展。

## 二、体育产业与旅游品牌融合

在体育产业与旅游品牌相互融合的过程中，应开展市场调研活动，全面了解政府实际需求，为二者之间的相互融合提供保障。在体育产业与旅游品牌融合期间，应获取社会资源，完善供给渠道与模式，不仅要具备较高的物质基础条件，还需完善资源分配管理体制。在相互支持的情况下，充分贯彻落实资源管理机制，培养高素质人才队伍。在此基础上，应针对体育产业优势进行合理的分析与利用，使旅游品牌与体育产业相融合，形成产业的发展合力。为了更好地进行社会资源供给的处理，首先，需针对资源进行合理的管理，使地方体育与旅游主管部门相互合作，提出关于政策方面的导向，以此形成良好的发展模式。其次，针对企业资源进行科学的管控，加大体育产业与旅游品牌的研究与开发力度，全面了解市场的资源需求，明确消费者喜好与需求，并创建体育旅游消费品，系统化开展分析与调查工作。最后，创建人力资源管理工作模式，高校与相关培训部门要为社会体育旅游行业的发展提供综合人才，解决当前人才短缺问题，满足社会的人才资源需求，以此减少矛盾促进体育旅游事业的良好发展与进步。例如，在安顺市黄果树、龙宫5A级景区的地方文化，为了更好地进行体育产业与旅游品牌融合，可以创建效益产品，将清真寺旅游品牌作为主要载体，融入体育产业，并创建科学化与合理化的产业发展机制，确保每项工作都能满足时代发展需求，达到预期的工作目的。

## 三、体育市场与旅游产品融合

在体育市场与旅游产品之间相互融合的过程中，应制定完整的融合发展策略，理清产业融合思路，更好地完成工作任务。对于体育市场与旅游产品而言，需将安顺市体育旅游发展作为主要的思路，遵循法制化的思想原则，创建群众方面的体育市场和旅游产品开发机制，保证在法治思想的支持下更好地解决旅游产品开发问题。在此期间，将旅游产品与体育市场之间的融合作为主要依托，促进旅游产品的合理开发与建设，将其与体育市场紧密地联系在一起，在体育市场中针对旅游产品进行宣传与加工，可打破传统管理模式与发展体系的局限性，并形成新时期发展背景下的良好管理工作模式与机制。在实际发展期间还需进行体育市场与旅游产品的多元化分析与探索，形成相互之间的发展合力，并创建新时期背景之下良好的发展机制，优化整体融合体系与系统。

## 四、体育项目与旅游市场资源融合

为了促进体育项目与旅游市场资源的良好融合，应编制完善的工作机制与模式，加大整体开发力度，促进体育项目与旅游市场资源的合理融合与建设，保证深入挖掘体育和旅游文化内涵。在体育项目和旅游市场的相互融合的过程中，应结合安顺市的民族体育文化与实际发展情况等进行科学的管理工作体系，协调各方面工作之间的关系。在此期间，还需领略民族体育文化内涵，针对民族文化与体育项目进行渗透，以便于更好地开发旅游市场资源，以及更好地进行管控与维护。对于旅游文化资源而言，在新时期发展背景之下属于体育项目的主要依托，为了能够更好地进行旅游市场资源的开发，可将安顺市的民族体育作为主要内容，创建科学化与合理化的研究机制，转变中间环节策划旅游与体育之间的良好融合，在大力研究的基础上细致分析各项内容，创建现代化的工作系统。在体育项目与旅游市场的发展过程中，可结合场地实际情况，创建器材的改造机制，为人们营造良好的休闲娱乐区域，将旅游资源与文化合理渗透到体育项目之中。例如：在体育产业开发中可形成旅游资源的分析系统，开发民族健身操等民族体育项目，深度挖掘其中的产业融合发展潜力，并形成文化内涵的开发机制，保证每

项工作都能符合当前的时代发展需求。

## 五、旅游形象和体育赛事融合

在安顺市旅游产业发展进程中，将旅游形象和体育赛事进行融合，能在维护旅游发展水平的同时，确保结构化管理更加贴合时代需求。在安顺市内举办大型的体育赛事，能有效提升地区旅游产品的基本品牌效果，并且合理性优化地区的知名度。究其原因，主要是因为大型赛事的举办往往会吸引较多的新闻媒体，在对赛事进行报道的同时，就会对举办地区的风土人情进行渲染和介绍，这是一种更加直观的宣传机制，对于城市形象的建立和传播具有非常重要的价值和意义，也能吸引更多的观光客。另外，在大型赛事举办的过程中，其自身传递的集聚作用非常关键，能在短期内吸引大量的旅游者，观赛游客和运动员不仅能参加或者是观赏比赛，还能在旅游地进行度假旅游，这种新型旅游方式对于多数体育赛事爱好者具有较强的吸引力。需要注意的是，尤其是一些具有影响力的体育明星，其自身的市场号召力较好，在比赛进程中能为城市形象宣传提供较好的依托。

## 六、旅游项目和体育节庆融合

对于旅游产业发展而言，要想提升其长效性，除了要借助环境资源的旅游基本要素外，也要结合新颖的旅游宣传机制和手段，而体育节庆就是较为有效且直观的宣传素材，能借助直观的因素建立相应的宣传机制，提升旅游项目的趣味性和时代感。因此，安顺市应将旅游项目和体育节庆进行融合，合理建构完整的融合产业平台，将不同的传统体育资源以及旅游项目作为旅游体系中的要点，借助科学化的宣传手段，为人们呈现出不同的旅游项目。

## 七、旅游产业和体育健身融合

近几年，人们物质生活水平不断提高，更加关注自身身体的健康，健身活动逐渐受到人们的重视，安顺市全民健身中心将其和旅游产业进行融合。在旅游管理工作发展进程中，游客能在参与健身活动的同时，有效体验运动的乐趣，并且能感受到各个民族的风情，集中了解少数民族的生活习俗。也就是说，借助相应的健身活动，能合理性分配娱乐活动、休闲活动、体育锻炼活动等，真正形成更加鲜明的娱乐管理机制，为产业的合理性融合奠定基础。值得一提的是，为了保证旅游产业和体育健身项目的有效融合，就要对时间、项目、交通条件以及具体内容进行集中检查和处理，结合游客的需求开展相应活动，并且在合理性发展机制建立的基础上，提升行业的竞争力。

## 八、区域内部体育旅游资源和产业融合

在产业融合发展的过程中，应创建区域内部体育旅游资源的合理融合，并形成体育与旅游产业之间的良好结合，充分分析体育产业化与规划工作系统，将布局设计与经营设计等结合在一起，并创建旅游区域的发展体系。在安顺市实际发展的过程中，存在多梯度的山地资源，可以重新开发体育与旅游资源的产业，并形成良好的工作系统，拓宽区域内部体育旅游资源和产业融合发展渠道，保证在相互融合的情况下，合理开发体育旅游资源，对其进行更好的管理与控制。在此期间，应明确产业融合的主体，在科学研究的情况下，更好地进行体育与旅游资源和产业的融合分析，除了要进行旅行社与集团化建设之外，还需打造精品旅游景区，创建以"体育旅游"为主题的酒店，在其中融合各类以低碳体育项目为主题的内容，保证在体育旅游资源和产业融合的过程中，充分发挥新时期生态环保理念与其他设计理念的积极作用，确保整体维护与规划的工作效果，达到预期的开发目的。在产业融合的过程中需提升综合服务能力，结合区域内部体育旅游的发展需求，促进地区经济效益的提升。在此期间，应重视体育旅游资源开发的创新性和协调性，形成开放性与共享性的发展机制，在各方面发展理念的带动之下，促进创新与绿色化的发展管理，保证产业转型升级与各方面管理工作的良好实施，以此形成新时期背景之下的发展体系与机制。

## 结　语

安顺市的体育旅游资源和产业融合发展还处于初步融合的发展阶段，发展水平较低，很容易出现问题。因此，在相互融合的过程中，安顺市管理开发部门应

树立正确观念，充分发挥政府部门、市场主体与社会资源的合力作用，合理使用宣传技巧开展管控活动，在产品创新的情况下，促进各方面资源的良好发展与融合。同时，在时代发展的背景之下，需要结合当前的管控工作内容与模式等，进行合理的研究与开发，提升体育旅游资源和产业的融合效果。在安顺市实际发展的过程中，应创建科学化与合理化的工作系统，在积极探索新时期发展与管理工作模式的情况下，建立多元化与现代化的开发系统，并形成良好的发展模式，保证每项工作都能符合要求，促进旅游产业与体育品牌、旅游品牌与体育产业、旅游市场与体育产品、旅游产品与体育市场、旅游形象和体育赛事、旅游项目和体育节庆、旅游产业和体育健身、区域内部体育旅游资源和产业之间良好融合，并形成产业资源的融合机制与模式，在相互融合的基础上形成良好的管控与开发系统，提升安顺市体育旅游的发展效益，达到预期的经济增长的效果。

执笔：黄　咏　杨乙元

# 案例篇

AN LI PIAN

案例篇 <

# "跑"步"黔"进

## ——马拉松赛事助力贵州城市品牌打造

近年来，贵州依托得天独厚的自然资源和深厚的人文底蕴，通过举办各项马拉松赛事，打造了贵州城市的马拉松名片。其中，贵阳国际马拉松赛、凉都·六盘水夏季国际马拉松赛、贵州环雷公山超100千米国际马拉松赛（图9）三大赛事已被打造成为领跑贵州的金牌赛事。马拉松赛作为城市的一张运动名片，深受广大体育爱好者的喜爱，通过马拉松赛事平台，举办马拉松赛事的地方不论是在城市建设、经济发展、全民健身还是旅游资源宣传方面都收到了良好的效果。

图9 环雷公山超100千米国际马拉松赛（图片来源：黔东南州文体广电旅游局）

马拉松运动已不再是单一的一项体育运动赛事,更是诠释健康生活理念的社会平台,是推动城市发展建设、城市核心价值体系建设的有效载体,是贵州实现"体育+""体旅融合"的重要方式,贵州借助马拉松赛事,正"跑"步"黔"进。

## 贵州打造城市"马拉松名片"

近几年来,在全国各大城市,掀起了"马拉松赛事"举办的热潮。按照国外过往的经验,经济水平发展到一定程度,就会带动国家进入"马拉松周期"。所谓的"马拉松周期",是指当人均GDP超过5000美元之后,一个国家的多个城市以"马拉松赛事"为依托,进入全民路跑的体育消费黄金周期。通过"马拉松赛事"的举办,可以提升城市品位、凸显城市气质,成为树立城市品牌的重要名片。

在贵州,以贵阳国际马拉松赛、凉都·六盘水夏季国际马拉松赛(图10)、贵州环雷公山超100千米国际马拉松赛为引领,带动省内其他区域马拉松赛事的举办,形成了马拉松赛事经济的良好格局,并获得了专业机构的认可和肯定。

图10 凉都·六盘水夏季国际马拉松赛(胡吉斌 摄)

近年来，贵州马拉松赛事百花齐放。贵阳国际马拉松赛、凉都·六盘水夏季国际马拉松赛、贵州环雷公山超100千米国际马拉松赛获评中国田径协会金牌赛事；贵州·镇宁黄果树国际半程马拉松赛获评中国田径协会银牌赛事；贵阳·清镇半程马拉松赛、"小康之约"荔波喀斯特马拉松赛获评中国田径协会铜牌赛事；民族民俗特色赛事——贵州·镇宁黄果树国际半程马拉松赛、自然生态特色赛事——贵阳·清镇半程马拉松赛、最美赛道特色赛事——"小康之约"荔波喀斯特马拉松赛获评中国田径协会特色赛事。

作为省会城市，"体育+旅游"已成为贵阳新旧动能转换的重要突破口和新引擎，"贵马"自举办以来，至2019年已满七届，一直深受路跑爱好者的追捧。赛事以"爽爽贵阳·生态领跑"为主题，向世界展现贵阳凉爽的气候、优美的生态和独具地域特色的自然人文等，让数万名参赛者奔跑于"中国数谷""避暑之都"，将运动、生态、大数据、旅游完美融合，是贵阳以"奔跑中国"为平台讲述贵阳故事、向世界精彩亮相的机会。举办7年来，"贵马"不停进步，品牌价值不断凸显，办赛水平、赛事规模、服务质量不断提升，赛事影响力不断增强，贵阳的城市知名度和美誉度不断攀升，城市竞争力和影响力也持续增强。

六盘水是中国第一个以气候特征为依据命名的城市，因其凉爽的气候而闻名，有"中国凉都"之美称。2013年，六盘水立足于得天独厚的气候资源优势，成功举办了首届中国凉都·六盘水夏季国际马拉松赛，此后一年一个台阶，一年一个跨越，至2019年，已连续成功举办七届夏季国际马拉松赛。赛事的举办，让凉都"19℃的夏天，360°的激情"和"世界这么热、我要去凉都"成为更多人的共识与向往。

贵州环雷公山超100千米跑国际挑战赛的特点在于以"三天三地三段"模式进行比赛，累计105.4875千米为卖点，是目前中国唯一一个多地点、多段位、三日赛程的超长跑国际挑战赛。赛事赋予旅游主题，依托于黔东南绚丽多姿的民族文化、淳朴的风土人情以及保存完好的原始生态环境而开展，赛道沿线不仅能够欣赏到巍峨的雷公山、碧绿清澈的濉阳河等自然风光，还可以领略到苗族鼓楼、侗族风雨桥等少数民族干栏式建筑景观。通过原生态的赛道设计和安排，让参赛

选手奔跑在山川、河流、古镇、苗寨、侗寨之中,充分体验到"在奔跑中呼吸风景,在超越中释放激情"的快感,感受黔东南州"一山一画卷,一步一精彩"的神奇。

## 马拉松赛事激发贵州"路跑经济"潜能

贵州通过政府、民众、媒体、企业这四大参与主体之间的相互协调和促进,推动马拉松赛事市场化的健康成长,形成赛事的良性运作与循环。贵州三大马拉松金牌赛事的成功,是实至名归的荣誉,也是贵州精品赛事带动体旅融合发展的成功典范。通过稳扎稳打、摸索中逐渐升级完善,最终发展成为具有影响力的赛事品牌,而这种品牌影响力,正是三大马拉松赛吸引全民参与、带动体育产业发展、拉动旅游经济的魅力所在。

政府主导促发展。2015年1月,中国田径协会全面取消对马拉松赛事的审批。马拉松赛事迎来了数量上的井喷。据相关机构调查数据显示,政府在马拉松比赛中,扮演着不可替代的角色,可以说,政府是马拉松比赛的最大推手。贵州省举办马拉松赛事起步相对较晚,但得益于政府的主导,使马拉松事业得到飞速发展,全省三大金黄牌赛事均由政府主导,其主办方中包含了黔东南苗族侗族自治州、六盘水市、贵阳市政府、体育局、文化和旅游厅等机构。在贵州省持续升温的马拉松"热潮"中,城市始终是最重要的"载体",赛事线路的安排穿过的都是地区、城市地标或著名景点,赛事运营离不开政府的全方位支持。

马拉松不仅是丰富城市人文精神的重要途径,更是城市经济、社会、人文发展的重要名片。同时,马拉松赛也是对一个城市的社会综合治理能力、运行管理能力的综合检阅。为保障马拉松赛事各项筹备工作安全顺利,确保赛事取得圆满成功,各举办马拉松所在地政府领导高度重视,上级体育部门大力支持,各有关单位和部门主要领导鼎力协作,形成了领导重视支持、系统上下联动、相关部门协同互动的工作格局,高效推进各项工作,协调和解决工作中存在的困难和问题,为举办高水平、高质量赛事,打造贵州马拉松金黄牌赛事提供了有力保障。

图11 贵阳国际马拉松赛（图片来源：贵阳市体育局）

赛事升级成品牌。为打造中国最具影响力的马拉松品牌赛事，贵州国际马拉松赛（图11）借鉴国内外成功运作经验，根据贵州省各地旅游资源特色及区位优势，对标"双金"（国内金牌、国际金标）赛事标准，制定适合自身赛事发展的专业化、市场化发展战略，拓宽渠道、争取社会资源，对赛事进行市场化开发，选择专业团队执行与运营，让贵州的马拉松赛事得到了飞速的发展。

环雷公山超100千米国际马拉松赛于2012年获评银牌赛事，次年便被评为金牌赛事，且连续被评为金牌赛事至今；六盘水市夏季国际马拉松2013~2015年实现铜牌赛事到金牌赛事的转变，从国内赛事上升到国际赛事；贵阳国际马拉松赛经历了从2015年被中国田径协会评为马拉松铜牌赛事，到2016年被评为银牌赛事，再到2018年被评为金牌赛事的升级，以及由半马到全马的发展蜕变。赛事的不断升级，革故鼎新，让赛事精品化、美誉化，这既是贵州马拉松赛事依托独特的旅游资源，跨越前进的体现，也是贵州重视体育赛事，走体育产业精品线路的成果。

路跑经济显成效。贵阳国际马拉松赛自举办以来，参赛选手累计达到10万人以上，共有48多个国家和地区的运动员参加过此项赛事，同时吸引了近50万名贵阳市普通市民参与，为全市的群众体育事业发展做出了突出贡献，为广大贵阳市民参与体育健身、陶冶情操、养成参与体育活动的好习惯提供了重要的赛事平台。该赛事已成为贵阳城市体育氛围的形成与形象宣传的一面旗帜,为贵阳与国内外文化、体育交流打开了一扇友谊之窗,更为拉动以旅游业为核心的产业发展做出了积极贡献。据第三方数据公司调研统计和对参赛选手来源地数据分析,仅2018年赛事的成功举办,就直接带动贵阳逾5000万元的体育旅游消费,累计带动交通、旅游、餐饮、住宿等领域社会消费超过2.5亿元。

六盘水地处乌蒙深处,举办国际有影响力的体育赛事,就是宣传和推介六盘水独特的气候资源和人文地理、打造六盘水文化旅游名片,真正实现六盘水文化、体育、旅游融合发展。首先,通过体育赛事的举办,搭建了旅游平台,提高了"中国凉都"的美誉度,对打造国际标准旅游休闲度假目的地城市和大健康目的地城市具有重要的推动作用,更进一步促进了六盘水旅游业的快速发展。其次,以体育赛事为载体,丰富了旅游元素,以自然资源为依托,以清凉马拉松赛带动盛夏避暑游、发展高原户外生态旅游。凉都·六盘水夏季国际马拉松赛的举办充分凸显了城市静态的物质景观与文化底蕴,从而使六盘水成为世人瞩目的焦点,知名度和影响力迅速提高,为六盘水的持续发展注入了动力与活力。仅2018年,在六盘水夏季国际马拉松赛举办期间,借助央视直播平台和国内主流媒体的宣传,由六盘水夏季国际马拉松赛事带动的旅游、酒店、餐饮等产业产值达7.62亿元,取得如此成绩,夏季国际马拉松赛可谓居功至伟。

环雷公山超100千米国际马拉松除了以"超强度三天三地三场赛事"为卖点,更注重打造赛事的旅游主题。2019届环雷公山马拉松赛事,将站点更换为凯里站、雷山站、丹寨站,以每个站点的特色打造主题旅游。在赋予赛事旅游主题外,更将旅游融合到赛事的主题服务当中。一是较低的参赛费(食宿自理每人每站100元;食宿统一安排每人每站500元)吸引各个群体参与赛事,扩大流量;二是向赛事参与者免费提供黔东南旅游通票,游客仅需跑单日赛即可免费游览黔东南所有景点。马拉松与旅游的融合一方面通过马拉松巨大的流量宣传推广了整个黔东南的旅游资源,另一方面又通过黔东南旅游资源的吸引力扩大了赛事的吸引力与流量。

执笔:田不悔

# 超级大秋千　网红打卡地

## ——开阳"猴耳天坑"景区的逆袭

"猴耳天坑"景区位于贵州省贵阳市开阳县，景区内集天坑、峭壁、暗河、飞瀑于一体，融奇、险、秘、幽于一炉，溶洞、暗河错落有致，飞瀑流泉，天坑坑口直径300米，坑深280米，坑底最大直径也是280米，因形似猴耳，故名为"猴耳"天坑。

贵州因其喀斯特地貌特征，明河暗流相互交错凝聚而成的洞水奇观数不胜数，单纯的洞穴观光游已较难吸引游客的关注，而"猴耳天坑"的"一夜爆红"，则在于抢抓贵州创建"全域旅游示范省"和"全国体育旅游示范区"的发展机遇，结合景区资源禀赋创新发展模式，在传统景区内融入了体育元素，开发"超级大秋千"等旅游产品，借助新媒体传播手段，将其打造成"网络爆款"，形成"网红经济"，一举改变了景区的整体经营现状。

## 传统景区打造户外运动项目

吴正满是贵州开阳天坑旅游有限公司的负责人，他接手"猴耳天坑"景区时，除了简单的旅游步道，景区基本处于待开发状态，那时候，贵州的旅游市场还未如此"井喷"，但已呈现良好的发展态势。他看中的是"猴耳天坑"景区良好的区位优势、喀斯特地貌、凉爽的气候以及"在贵阳市周边难有竞争对手"的资源优势。

2013年，经二次开发后"猴耳天坑"景区正式对外营业，主打天坑探险、秘洞寻幽、田园猎奇、登山观景、垂钓、亲水、游戏娱乐、清闲散步等游赏项目，

图12　开阳猴耳天坑大秋千（图片来源：开阳猴耳天坑景区）

作为贵阳或开阳城区市民周末游的首选地，景区已具备一定的市场潜力。截至2017年，"猴耳天坑"全年接待游客3万余人次，收支基本维持平衡。

近况虽好，但长远来看，走马观花的旅游已不再受欢迎了，"猴耳天坑"不能只有观光业态，怎样增加游客的体验度，成了亟须解答的考题。

偶然的机会，贵州酷玩黔山文化旅游管理有限公司董事长任鹏带着自己组织的游客进入猴耳天坑，做了几次小型户外运动后，找到了吴正满。他给了吴正满一个更加高明的答案——做极限运动公园。

"天坑地形自然形成了悬崖绝壁，装上设备做极限运动最好不过，游客一定会喜欢。"任鹏信心十足地告诉吴正满。

两人一拍即合。云端漫步、超级大秋千、水上扁带、垂直极限、洞穴探险等户外运动项目迅速落地景区。

### "超级大秋千"将景区变成网红打卡地

谁也想不到，"超级大秋千"（图12）运动竟然让"猴耳天坑"景区一夜爆红！"超级大秋千"由绳索运动改进而成，目前，新西兰和我国四川等地有类似项目运营，猴耳天坑"超级大秋千"垂直落差最大102米，项目系统承重为17吨，设有四层保护备份，具备很高的安全性。

2018年7月，猴耳天坑"超级大秋千"首次试运营40天。在这短暂的40天里，"超级大秋千"却席卷网络，仅在抖音上，运营团队和游客上传的短视频，点赞量超过百万，播放量高达数千万次，为开阳县创造了过亿点击量，不只是"超级大秋千"红了，体验"超级大秋千"的游客，也随着短视频的传播成为"网红"。

在抖音官方2019年1月发布的《县域景点数据报告》中，"猴耳天坑"凭借"超级大秋千"项目带来的人气，与丽江千古情景区、稻城牛奶海、张家界大峡谷玻璃桥等知名文旅IP共同跻身"抖音十强县域景点"。网络爆红的同时也吸引了媒体关注的目光，人民网、《贵州日报》、《贵州都市报》等竞相报道，湖南卫视热门综艺节目"我家那小子"甚至将"猴耳天坑"作为取景拍摄地。

试运营期间，"超级大秋千"共接待游客4000多人次，60%以上为外地游客，其中很多来自国外和中国港澳台地区，他们千里迢迢地慕名而来，体验一把"超级大秋千"，就为了那一阵令人毛骨悚然的尖叫，然后载兴而归。

2018年8月末，因猴耳天坑即将修建其他内容、完善设施而要暂停运行，提前预约"超级大秋千"的游客竟多达13000多人，游客消费收入也从之前的"门票+船票"不到40元增加到了800多元，这更让吴正满坚定了依托景区资源发展户外运动项目的决心。

## 依托景区资源禀赋打造极限主题公园

通过体验式体育运动元素的融入，猴耳天坑一鸣惊人，爆红的速度令人瞠目，截至2019年8月，该景区共接待游客2万余人次，其中户外体验游客为8000余人次，创收200余万元。

据吴正满介绍，依托"猴耳天坑"优质的自然资源，以"超级大秋千"为引领点，未来景区以打造极限户外体育公园为目标，计划建成一个容纳各式各样的新型体育项目的平台，形成一个以山地户外旅游为特色的体育旅游示范基地。同时，寻求与政府及各方的交流合作，以康养类、户外类、研学类项目为景区重点发展方向，使景区业态多样化、多元化、大众化，具备吸引全国各地的体育、康养、研学等户外爱好者人群前来体验的条件。

到2020年7月，景区将完成三期规划建设，届时将有超过15个不同的极限体验项目陆续开放，并将新增设"帐篷旅馆"以及天坑咖啡馆等时尚休闲区域及项目，势必将不断扩大影响力及吸客能力，大幅度推动游客数量的增长。力求将其培育成为以体育运动为特色的国家级旅游度假区和精品旅游景区，积极推动各类体育场馆设施、运动训练基地提供体育旅游服务，努力整合资源，突出特色，加强体验参与度，将猴耳天坑建设为全国最富个性和热烈氛围的体育旅游极限主题公园。

执笔：李　棋

# 以"体"兴"旅" 以"旅"促"农"

## ——息烽推动"农体旅"深度融合 积极助力乡村振兴

近年来，息烽县借助举办体育赛事，推进西望山生态体育公园、南山驿站生态体育公园、鹿窝西安汽车露营基地、团圆山森林公园健身步道等项目建设，不断完善体育基础设施，以打造"一县一品"精品体育赛事为突破口，以"体育搭台·旅游唱戏"为载体，以盘活资源助推发展为目标，相继举办了四届西望山国际越野跑挑战赛和三届全国滑翔伞邀请赛，以"赛"为"媒"，以"体"兴"旅"，以"旅"促"农"，推动"农体旅"深度融合，积极助力乡村振兴。

### 贵州首场ITRA积分认证赛事

西望山，又名希望山、西山，位于息烽县城西北12千米的息烽县境中部。该地是明清至民国时期西南地区的佛教圣地，山上有当时知名度极高的凤池寺等"西山八大庙"，佛教影响远播川滇鄂湘浙诸省，素有西南佛教"南来第一山"和"佛教丛林"之美誉。

虽然西望山历史悠久，有着优美的自然风光和丰厚的历史文化底蕴，但由于基础设施相对落后，特色和亮点缺乏，长期处于"沉睡"状态。

随着全民健身与旅游休闲的兴起，集观赏性和体验性于一体的体育生态旅游越来越受欢迎，体育和旅游融合的"绿色经济"正成为全国各地的发展热点。在省、市大力发展全域旅游的背景下，息烽县确立了以体育赛事聚集人气，推动旅游产业发展升级的思路，抢抓贵州"打造山地民族特色体育强省，加快推进健康

贵州建设"发展机遇,创新"文体搭台·旅游唱戏"模式,大力发展山地特色旅游,于2016年先后在西望山举办了第一届国际越野跑挑战赛和首届滑翔伞邀请赛等,反响良好。

2017年,西望山国际越野跑挑战赛获得国际越野跑协会(ITRA)认证,这是贵州首场获得国际越野跑协会(ITRA)认证的积分赛事。体育赛事宣传效果好,拉动效应大,通过"体旅"深度融合,能够带动周边产业发展壮大,息烽县委县政府审时度势,着力将西望山国际越野跑挑战赛打造成每年举办一次、具有国际影响力的山地体育运动品牌。

截至2019年,息烽已举办了四届西望山国际越野跑挑战赛和四届全国滑翔伞邀请赛,参赛人员从最初的150余人增加到1500余人,赛事参与人数翻番,赛事级别从一般小型赛事上升到国际越野跑协会(ITRA)认证赛事,已成为贵阳市山地体育发展典范和对外展示窗口,同时成为贵州发展山地户外体育运动的重要载体,亦是西南地区规模最大、影响最深、跑友评价最好的越野赛。

按照贵州省体育局"100个生态体育公园"建设计划,目前,息烽县已正式启动西望山生态体育公园规划。公园规划设计总面积80平方千米,计划建成户外运动基地、滑翔伞比赛区、越野自行车体验区等10余个项目,着力将西望山打造成国内独特的禅修文化生态体育公园、国际户外赛事基地和省级农体旅融合发展示范区。

### 体育赛事助力乡村振兴

息烽县借助举办越野跑、滑翔伞(图13)等体育赛事,大力发展"赛事经济",已累计接待各类游客及运动员39万人次,实现旅游收入3.8亿元,为赛事举办地西望山累计吸引10万人次游客,实现旅游收入3000余万元,同时带动周边农业发展,种植精品水果6000余亩。能实现如此成果,息烽主要通过体育赛事的"四促"举措,助力全县乡村振兴。

一是促基础设施完善。依托赛事举办,息烽陆续投资1400余万元,完成西望山滑翔伞起飞场、降落场、沿途公路及配套停车场等设施建设,将越野赛赛道由20千米延伸到60千米,高度爬升到2500米。完善赛场周边鹿窝等6个村体育设施,修建健身小广场6个、健身路径5条、农体工程5个。投资3000多万元修建了西望山景区旅游公厕、停车场、进村公路等。建成南山驿站生态体育公园,环团圆山健身步道,推进县体育综合体(息烽县体育馆、息烽县全民健身中心)建设,为打造门类齐全的赛事奠定基础。

二是促旅游形象升级。西望山国际越野跑挑战赛上升到省体育局主办,并获得国际越野跑协会(ITRA)贵州山地跑系列赛认证,参赛运动员增加到1500余名。2018年全国滑翔伞定点联赛贵州息烽站,成为贵州首个被纳入全国联赛的低空飞行赛事,是中国参加"亚运会"滑翔伞项目运动员的选拔赛,由国家体育总局航管中心、中国航空运动协会、省体育局主办,来自全国20余个省市近60名运动员参赛。两大赛事的举办,有效提升了息烽旅游形象,吸引了中央电视台、中国新闻网、新华网、人民网、贵州电视台、《贵州日报》等20余家媒体广泛宣传,2019年越野跑网络直播点击量达48.4万人次。

图13　息烽西望山滑翔跳伞(图片来源:贵阳市体育局)

三是促群众增收致富。借助赛事举办，不断提升西望山景区知名度和影响力，吸引更多游客前往旅游体验。每届赛事举办期间，县内酒店、周边乡村客栈入住率达95%，已累计接待各类游客及运动员39万人次，实现旅游收入3.8亿元。带动赛事举办地西山镇鹿窝村30余户贫困户60余人，通过开办农家乐、售卖特色小吃及特色旅游商品、参与赛事保障服务等方式，实现人均年收入达6000元以上，顺利脱贫。通过入住宾馆酒店，品尝特色餐饮小吃，以及购买西山贡米、雨花瀑虫茶、阳菲葡萄酒、阳朗辣子鸡等特色旅游商品和农家乐经营等，助推旅游产业加快发展，助力农体旅融合发展迈上新台阶。

四是促产业转型升级。围绕"体旅融合·体旅促农"定位，以鹿窝村西望山区域为中心，向周边西山、联合、胜利、田冲、金星5个村辐射，大力发展赛事经济，促进农业结构调整。已引进农业产业经营主体16家，成立农民专业合作社14个，种植樱桃、脆红李、桃子、葡萄、柑橘、刺梨等6000余亩，带动1026户群众增收致富。完善周边旅游线路，已初步实现赛事举办地与西望山景区、小寨坝红岩葡萄沟、西山林丰水岭沟等乡村旅游示范点连成一线，石硐大洪猕猴桃、九庄杉林吊瓜等观光采摘农业项目并线连接，逐步实现体育、文化、旅游、农业互动发展。

执笔：周帆青

# 用一根"绳索"连接人与自然

## ——遵义拓路士绳攀基地为贵州体旅融合探"新路"

遵义拓路士绳攀基地是世界第二大、亚洲最大、国内独家的专业绳攀培训基地,致力于推广绳索运动安全服务和创新研发山地户外运动旅游项目。近年来,拓路士在当地党委政府的领导和支持下,结合贵州山地特色资源,引入国际先进科技管理理念,与国际顶级装备机构合作,联动附近体育旅游相关行业发展,融入当地特色旅游文化,打造以绳索极限运动为主题的体育旅游基地,不断完善绳索运动专业服务体系,满足国内外体育旅游者对绳索运动和地理探索的需求,积极探索极限运动与旅游产业深入融合发展"新路子"和新模式,促进地方经济社会文化发展,塑造了贵州体育旅游新形象。

### 建设绳攀基地,连接人与自然和谐相处

拓路士地理科技有限公司(Taurus Geo-tech Co., Ltd.)于2016年1月落户遵义,注册资本为人民币5000万元,其前身是遵义市金牛户外地理探索运动协会。该协会自2015年7月成立以来,到遵义市风景奇特的天然崖壁、瀑布、洞穴间开展户外探险运动,先后完成赤水十丈洞瀑布、黔西水西洞、赤水环岩瀑布、桐梓县箢篼崖、正安天楼山等探险运动项目,为拓路士绳攀基地的建设奠定了基础。

拓路士一直在寻找连接人与自然的方式,特别是让人们"零距离"去接触常人无法到达的人迹罕至的绝景,让人们在至险至美的岩溶洞穴、天坑、地隙、崖壁之中探险和体验极致的感受。为此,2017年5月,拓路士公司动用资金近5000

万元建设完成绳攀基地，搭建连接人与自然和谐相处平台，为消防、军警、风电等行业和山地户外运动旅游者提供培训服务，并被授权颁发相应专业作业许可证书。

拓路士绳攀基地坐落于遵义红花岗区金鼎山镇金川湿地公园内，毗邻金鼎山景区（黔北佛教名山），旅游资源丰富，生态环境优美，距离遵义海龙高速收费站3千米、高铁站35千米、新舟机场66千米，交通条件便利，可进入性强。绳攀基地占地25亩，由综合训练中心、拓路士餐厅和客房楼、办公楼三个单元构成。其中，综合训练中心约1500平方米，建筑高18~22米，设有17~39个不同的科目，可同时容纳400人训练；中心场地内另有飞翼式多功能训练塔，塔高45米，其中凤展飞翼平台高30米，龙翼平台高38米，云腾高45米；客房餐厅楼约784平方米，上下共两层，一楼为餐厅，可同时容纳100人就餐，自助餐流水席可容纳300人就餐，二楼有20个标间，可同时容纳40人住宿；办公楼约252平方米，上下共两层，设有15人左右小型会议室和6大中心办公室。

## 创新绳索项目，助推体育旅游融合发展

近年来，拓路士绳攀基地结合贵州山地特色，创新研发溜索、飞拉达、走钢丝、大摆荡、短绳上升下降、电塔、特警墙、凤展上升下降、云腾、勇士挑战、国际标准应急急救等20多个项目单元，既满足了体育旅游者的运动爱好需求，又可以潜移默化地学习安全教育知识。如今，拓路士基地已打造成具有贵州特色、亚洲最大、中国唯一的绳攀训练基地，是体育旅游者实现绳索、崖壁、天坑、溶洞探险的探索极限运动旅游培训平台。

在经营理念上，拓路士公司一直在探索和总结，与无锡变量战略企业管理咨询有限公司建立合作，梳理了拓路士自己的企业文化，构建独特的拓路士体育旅游文化体系。在技术管理上，它与法国Petzl公司等国际顶级装备机构达成合作，引入先进技术和管理模式，拥有目前全球最先进的技术体系与专业装备，使用的每一件器材都通过了国际认证，并拥有指定的器材制造商。在研发体育旅游项目

上，拓路士创新研发了绳索运动、拓展团建、研学之旅三大课程体系。当前将绳索、团建、研学融为一体开发的研学之旅将打造国内研学旅行最好的体验。研学课程涵盖绳攀运动体验、高空逃生、国际标准急救、跆拳道、定向越野、野外生存、丛林穿越、露营、探洞、岩壁攀爬等前所未有的课程，能让体育旅游者在游玩中提升技能，培养心理素质，掌握求生技巧，理解探索探险的精神。

经过几年的努力，拓路士绳攀基地目前已成为国内外知名的绳索运动和山地户外运动基地（图14），在遵义市体育旅游产业发展中起到了示范引领的作用，被贵州省体育局授予"特别贡献奖"并获评"贵州省十佳体育企业"。在遵义，拓路士是经教育局、体育局、旅游局认证的青少年绳索运动训练基地，并与武警、消防、地质部门、学校等单位紧密合作，被相关部门授予"遵义市中小学研学旅行实践教育基地""武警训练基地""消防训练基地""地质科普基地"，以及遵义医科大学"体育学院实践教育基地"等多个称号。

图14　遵义拓路士绳攀基地山地户外运动
（图片来源：遵义拓路士绳攀基地）

## 完善服务体系，促进体育旅游产业可持续发展

拓路士绳攀基地在党委政府的领导和支持下，不断完善基地基础设施及配套服务体系建设。在"硬件"设施上，拓路士得到了党委政府招商引资、扶贫、体育、旅游等相关政策的支持，依托湿地公园环境优势，建设绳攀基地及相关的基础设施，并与黔北生态镇同一工期完成建设。在"软件"方面上，拓路士整合各方资源，以"探秘贵州"为主题，以绳索探险为方式，大力开展与省内的黄果树、雷公山、梵净山、平塘打岱河天坑群、荔波茂兰山原始森林、马岭河大峡谷、大屯堡等旅游景区合作，联动相关体育旅游服务行业发展，完善体育旅游服务体系，提高体育旅游服务质量，构建山地运动旅游消费圈，塑造贵州体育旅游新形象。

长期以来，拓路士绳攀基地打造以绳索运动为主题的体育旅游项目，开展拓展团建、地质科普等课程，把业务扩展到户外的河谷、岩溶洞穴、天坑、地隙、崖壁、丛林之中，在海龙囤龙突洞穴、后塘崖壁、新蒲调脸山、金鼎山翼龙洞、绥阳县观音岩崖壁、赤水佛光岩瀑布大崖壁、赤水狮子岩崖壁、双龙镇天坑等地建设拓路士体育旅游文化体验基地，让体育旅游者感受到贵州喀斯特地貌为主的奇特景观。同时，也为体育旅游发展提供了"新路子"和新模式，促进贵州体育旅游产业可持续发展。

执笔：吴　彪

# "旅游公路"打开"发展新路"

## ——赤水建成全国首条河谷旅游公路

体育是发展旅游产业的重要资源，旅游是推进体育产业的重要动力，贵州体旅融合发展不仅满足了人民群众对旅游产品多样性的需求，同时也推进了山地体育创新、协调、绿色、开放、共享发展。近年来，贵州省围绕"山地公园省·多彩贵州风"品牌，充分依托山地峰峦、溶洞、溪流、气候等自然资源优势以及少数民族文化、红色文化、酒文化、茶文化等多元文化资源优势，深度挖掘山地体育与民族特色体育资源，结合丰富的旅游资源，走出了一条不同于东部，有别于西部的贵州体育发展新路子。遵义赤水河谷旅游公路就是贵州体育产业"走新路"的典型案例，体现了贵州体育产业的新格局、新业态、新模式，为念好"三子经"、努力实现"四个化"做出了示范。

## 旅游公路打开产业新格局

遵义市气候全年温凉湿润，地形起伏大，自然旅游资源和山地体育资源丰富，秀美的山川、多彩的文化与山地户外运动的结合相得益彰，在全域旅游背景下结合旅游资源打造体旅融合项目打开了遵义市体育产业发展的新格局。目前，遵义市已成为国家全域旅游示范区，在体育旅游方面成绩显著，开发了以仁怀、赤水、习水为主的红军长征路线，建设了自行车道、徒步健身步道、汽车露营、驴友健身等项目，力图把遵义建设成为全国知名的休闲、健身体育和大健康产业基地，促进体育产业和旅游产业深度融合，构建体育产业的全新格局。

**图15　遵义赤水河谷旅游**
（图片来源：遵义市文体旅游局）

遵义赤水河谷旅游公路是全国第一条河谷旅游公路和第一条服务完善的快慢综合交通旅游廊道，是一条以"贵州第一、中国一流、世界知名"为定位的旅游公路，一端连着中国第一酒镇茅台镇，另一端连着世界自然遗产丹霞地貌赤水市，中间串起四渡赤水红色文化、国酒文化、巴国文化、盐运文化、考古文化等，是一条美丽的旅游文化长廊。公路由160千米红色沥青山地自行车道和154千米黑色沥青汽车道组成，全线共设置12个驿站、26个露营地、23个观景台和休憩点。一条公路把赤水河谷沿线的旅游资源聚集起来，将茅台驿站、沙滩驿站、九龙屯驿站、土城驿站、蔺州驿站、复兴驿站等多个站点串联成一条旅游线路，通过融入丛林越野、山地自行车登山、攀岩等山地户外体育运动体验项目，使旅游公路沿线景区变成体育旅游者的天堂，打开了遵义市体育旅游的新格局（图15）。

### 旅游公路呈现市场新业态

体育旅游是旅游产业和体育产业深度融合的新兴产业形态，是以体育运动为核心，以现场观赛、参与体验及参观游览为主要形式，以满足健康娱乐、旅游休闲为目的，向人民群众提供相关产品和服务的一系列经济活动。大力发展体育旅游对于丰富旅游产品体系、拓展旅游消费空间、促进全民健身事业发展、推动体育产业提质增效及培育经济发展新动能、拓展经济发展新空间具有十分重要的意义。

赤水河谷旅游公路以赤水丹霞、革命老区红色文化为核心旅游文化资源，依托赤水河谷、赤水丹霞旅游景区，辐射带动土城古镇、竹海公园、丙安小镇、"麦田守望"智驾生活营、望云峰攀岩运动基地、天鹅堡康养旅游度假区、赤水河大桥等景点大力发展体育旅游，拉动市场经济，呈现了体育与旅游深度融合发展的新业态。贵州的体旅融合新业态是体育产业助推经济增长的成功探索，以打造世界级体育旅游目的地为核心，让贵州旅游因山地体育正式进入2.0时代，成为中国走向世界的排头兵，做实了全民健身的"里子"，撑起了竞技体育的"面子"，盛满了体育产业的"盆子"，实现了"体育生态化、生态体育化、体育旅游化、旅游体育化"。

## 旅游公路创造运行新模式

贵州省正在打造全国体育旅游示范区，大力发展体育旅游，"体育+旅游"的发展模式逐步成为贵州体育产业发展的主要方式。按照《贵州省"十三五"体育发展规划》的要求，贵州省将重点建立一批富有特色的山地户外体育旅游休闲示范基地，精心打造一系列拥有独特性、民族性的山地户外精品赛事。到2020年，体育部门与旅游部门共同支持建成100个生态体育公园，建成100个汽车露营基地，并打造100条山地户外体育旅游精品线路，全省体育及相关产业增加值达到75亿元，体育产业总规模超过450亿元。

遵义赤水河谷旅游公路的建设是体旅融合新模式下"山地体育+生态旅游""山地体育+文化旅游""山地体育+健康养生旅游""山地体育+休闲度假旅游"等建设模式的新尝试，通过开展中国遵义赤水河谷国际公路自行车邀请赛、赤水河谷户外三项挑战赛、奥跑中国半程马拉松赛等品牌赛事活动，将公路交通基础设施从单纯满足出行功能向交通、生态、文化传播、旅游、消费等复合功能转变，产业运营模式从体育产业与旅游产业独立运行向融合发展转变，串联形成体育旅游精品线路。

遵义赤水河谷旅游公路承载的体旅融合发展模式坚守发展与生态两条底线不动摇，践行"天人合一、身心合一、知行合一"的发展理念，让体育赛事活动成为"移动的景区，流动的景点"。打好山地牌，走好山地路，打造山地旅游发展的贵州样本，走出贵州特色山地经济之路，将贵州打造成全国体育旅游示范基地是贵州体育产业发展的导向和最终目标，是贵州体育产业"走新路"的积极探索和勇敢尝试。

执笔：何淼淼

# 打造高山滑雪度假品牌
# 推动城市转型发展

## ——以南国冰雪城·贵州六盘水为例

2016年8月29日,国家体育总局联合国家发改委、教育部和国家旅游局,研究制定并下发了国家《冰雪运动发展规划(2016~2025年)》,提出"北雪南展西扩"的战略计划和"三亿人参与冰雪运动"的宏伟愿景,要求以京津冀为引领,以东北三省提升发展为基础,发挥新疆、内蒙古等西北、华北地区的后发优势,带动南方地区协同发展,形成引领带动、三区协同、多点扩充的发展格局。

近年来,六盘水以实际行动积极响应国家冰雪运动"南展西扩"战略,积极投身"引领带动、三区协同、多点扩充"的冰雪产业发展格局,使"冷冰雪"变为"热经济",让冰雪体育产业在促进产业转型升级、完善和提高体育公共服务供给、拉动体育旅游与消费、推动基础设施建设等方面发挥作用,依托自身资源禀赋,将当地文化遗产、民族特色等融入日渐升温的冰雪产业,开发出具有文化内涵的冰雪旅游产品,衍生新的产业形态,并持续举办贵州冬季冰雪运动旅游季系列活动,促进区域经济社会和城市转型发展。

### 独特环境造就南方雪场

六盘水地处川滇黔桂接合部,与成都、重庆、昆明、贵阳、南宁五个省会、城市(直辖市)的直线距离均在500千米以内,素有"四省立交桥"之称。在国家"一带一路"建设和长江经济带规划中,六盘水是66个区域流通节点城市和

196个公路交通枢纽城市之一。贵昆、南昆、内昆、水红铁路在此交会,沪昆高速铁路和沪昆、杭瑞、都香、水盘、盘兴等高速公路穿境而过,六盘水月照机场开通了直达北京、上海、广州等十多个城市的航线。

六盘水市夏季平均气温19.7℃,冬季平均气温3℃,冰雪覆盖可达3个月以上,与北国一样银装素裹,是国家低纬度、高海拔冰雪运动"南展西扩"战略的优选之地,它填补了我国北纬26°以南"冬"的空白。

从2012年起,六盘水总计投资13余亿元,依托独特的气候和地理环境,在北纬26°以南、世界上纬度最低的喀斯特山地陆续建成"冰雪童话"梅花山国际滑雪场、"林海雪原"玉舍雪山滑雪场(图16)、"云上雪野"云海乐原滑雪场、"乌蒙大草原"滑雪场4个天然高山滑雪场,雪场面积总计34.37万平方米,雪道共18条,最长的赛道近1千米,共有造雪机173台、滑雪装备12524套,可同时容纳1万余人滑雪、3600人用餐、2000人住宿。滑雪场既有符合举办赛事标准的高级雪道,也有供爱好者练习的中初级雪道,还有让儿童游乐的专用雪道。在这里,

图16 六盘水玉舍雪山滑雪场(姚咏 摄)

人们可以畅享雪地摩托、雪上飞碟、雪地悠波球、雪地冲锋舟等欢乐刺激的雪上项目。

## 系列活动促进项目发展

自2017年起，六盘水连续三年、持续举办贵州省冬季冰雪运动旅游季系列活动，以"南国冰雪城·贵州六盘水"为主题，旨在普及冰雪运动、打造冰雪旅游、彰显冰雪文化，将冰雪运动与冰雪产业融合，围绕冰雪运动项目产业链，在创新探索道路上不断前进，让冰雪运动在凉都大地绽放出冰雪之花。

2017年1月，成功举办贵州省第一届滑雪节、世界雪日暨国际儿童滑雪节等系列滑雪活动，创造了三个"第一"：第一次在我国南方举办世界性冰雪产业发展论坛，第一次在我国南方举办高山滑雪竞技体育赛事，第一次在我国南方举办区域性滑雪节。2018年1月，成功举办"世界雪日暨国际儿童滑雪节"贵州六盘水分会场活动、全国高山滑雪青少年邀请赛、贵州省第一届青少年冬季阳光体育大会，成为贵州省冬季旅游的一件盛事。2019年1月，成功举办贵州省冬季冰雪运动旅游季系列活动，包括由国家体育总局冬季运动管理中心主办的全国越野滑雪青少年挑战赛，以及2019年贵州省第二届青少年阳光体育大会、六盘水市冬令营活动和2019年世界雪日暨国际儿童滑雪节分会场等系列活动，在充满激情的滑雪赛事中进一步展现六盘水冬季的温暖和魅力。

为积极响应习近平"让3亿人参与冰雪运动"重要指示，六盘水市通过组建冰雪运动队、开展冰雪进校园等，大力推进冰雪运动普及推广。六盘水市体育局成立冰雪专班，挂牌成立六盘水市冰雪运动管理中心，在省体育局的关心下，以省队市办模式组建了贵州省第一支越野滑雪队和冰壶队，取得了2018年冰缘杯京津冀陆地冰壶邀请赛第一名、2019中国长春净月潭瓦萨国际越野滑雪赛女子50千米第一名等的好成绩，通过在六盘水市青少年儿童业余体育学校推动"冰雪进校园"活动培养冰雪运动后备人才队伍。

## 冰雪产业助力城市转型

谈到六盘水的冰雪运动,国家体育总局冬季运动管理中心常务副主任丁东同志指出,"党的十九大之后,全世界都在关注冰雪的时候,六盘水独树一帜、无中生有,以'冰雪+'模式发展冰雪运动项目,取得良好的经济效益和社会效益,是一个很大的亮点。"系列活动的开展,树立了"南国冰雪城·贵州六盘水"良好的品牌形象。

六盘水利用自己特有的资源优势,借助"中国凉都·六盘水消夏文化节""中国凉都·六盘水夏季国际马拉松赛""中国凉都·六盘水牂牁江国际滑翔伞邀请赛暨全国滑翔伞优秀选手赛""冬季冰雪运动旅游季系列活动"等大型活动和赛事,量身定做了一条独特的发展路线——"春踩水城春绿,夏来花海漫步,秋看杏黄果熟,冬在雪上飞舞"。这四幅图画构成了六盘水"四季休闲度假"的旅游产业体系,实现了从"煤都"到"凉都"的华丽转身。

"滑雪何必念北国,雪上飞舞到凉都",六盘水坚持"冰天雪地也是金山银山"新理念,以实施健康中国战略为引领,突出冰雪运动与文化旅游深度融合,加快培育全域旅游新增长点,助推全市经济社会高质量发展和城市转型升级。在国家体育总局、省体育局等各级有关部门的帮助指导下,冰雪运动从无到有、有中争优,成为六盘水又一张亮丽的名片,填补了贵州省冬季冰雪旅游的空白。

作为精准扶贫、脱贫攻坚的地区,六盘水按照"决胜脱贫攻坚,同步全面小康,坚决打赢脱贫攻坚战"的要求,探索资源变资产、资金变股金、农民变股东的"三变"改革,将冰雪运动与精准扶贫相结合,以利益分配为链接,通过贫困户入股滑雪场建设和经营等方式,建成四个具有民族特色的冰雪风情小镇,为贫困户提供就业岗位和参与滑雪场入股分红,推动服务业快速发展,有效辐射周边25个乡镇197个村15.69万贫困人口。

通过发展冰雪运动和旅游,2017年全市村集体经济收入达4728万元,消除

"空壳村"131个,减少贫困人口6.2万人;2018年滑雪活动期间,梅花山滑雪场对农户通过"三校合一"平台进行培训,变身导游、滑雪教练、保安保洁等工作人员,参与滑雪场运营服务工作,解决100余名培训群众的就业(其中贫困户21名),实现人均月增收2000元以上;乌蒙大草原景区共计接待游客21329人次,旅游综合收入达207万元;野玉海景区接待游客10108人次,旅游综合收入达149.17万元;梅花山景区接待游客23580人次,旅游综合收入达510.1万元。

执笔:肖　刚

# 打造国家级房车露营基地
# 助力贵州创建全国体旅示范区

## ——六枝318浪哨缘房车营地丰富贵州全域旅游产品体系

随着大众旅游时代的到来，个性化、定制化、特色化成为发展趋势，自驾房车旅行正成为一种新的生活方式和产业链条，贵州抢抓创建国家全域旅游示范省和全国体育旅游示范区的发展机遇，不断完善基础设施建设，在西部地区率先实现县县通高速公路，将高速公路打造成为串联景区（点）的旅游精品线和丰富游客体验的流动风景线。六枝318浪哨缘房车营地的建设，是贵州全域旅游蓬勃发展的缩影，它弥补了贵州自驾车旅游服务设施的不足，有利于提升贵州自驾车旅游产品档次，成为六盘水推动旅游产业转型升级的重要抓手和切入点，为联通贵州、西部和全国以及世界的自驾房车旅游市场打下了良好的基础。

### 贵州全域旅游发展带动房车营地建设

房车，又称"车轮上的家"，是集"衣、食、住、行"于一体，实现"生活中旅行，旅行中生活"的时尚产品。1999年贺岁电影《不见不散》中，葛优那辆游走四方的房车，让很多国人结下了房车情结，也正是这部电影，将房车这种新兴出行方式正式带入国人视野。

中国房车的发展状况起步于2000年，2007年我国房车拥有量为1550辆，2010年达到4000多辆，近四五年我国房车拥有量年均增幅超过40%，达到6.9万辆左右，2022年前后整体中国房车保有量预计在50万~100万辆，但相对于目前过亿的汽车保有量，房车市场仍处于萌芽阶段，其比重不足万分之一。结合实际情况，"中国式"房车营地的运营模式与国外不同，除满足房车补给外，越来越多的景区以修建房车营地为突破口，同时满足自驾游或其他普通游客的旅游需求，为游客在景区内提供配套的休闲区域，将房车露营地打造成多元化的度假体验地。

近年来，贵州抢抓创建国家全域旅游示范省和全国体育旅游示范区的发展机遇，在完善基础设施建设的同时，不断丰富旅游产品供给，加快推进"快旅慢游"体系建设，以自驾游为切入点，升级建设自驾游的基础设施体系、政策体系和线路体系，兴建了六枝318浪哨缘房车营地（图17）、黄果树房车营地、贞丰三岔河国际露营基地等自驾车营地，构建"全域山地旅游服务网"。

### 打造国家五星级房车露营基地

六盘水是"世界探险自驾车旅游精品线路"自驾车旅游精品线路的核心节

图17　六枝318房车营地（图片来源：318房车营地）

点,也是贵州开展"落地自驾"的支撑中心之一。"世界探险自驾车旅游精品线路"以贵州省内主要线路为载体,游客出游形式以单车越野、俱乐部越野自驾游为主,客源市场定位包括成都、重庆、北京、上海、广东等经济发达地区以及港澳台等地区。

318浪哨缘房车营地地处G7611都香高速与S102省道交会处,距高速落别收费站800米,距黄果树瀑布景区37千米,距黄果树机场50千米、距六盘水月照机场60千米,距贵阳龙洞堡机场约120千米,距六枝城区11千米、距安顺市区50千米、距六盘水市区65千米,交通非常便捷。

营地占地近1000余亩,目前基地内的2辆KTV车、2辆咖啡车、500个餐位的浪哨宴宾厅、6栋美式木屋别墅、20间浪漫观景房区厢房和房车缘、特种房车17辆已投入使用。黄果树瀑布源头浪哒河从营地中蜿蜒而过,域内大型湿地公园占地13万平方米,其中水域面积3.8万平方米、湿地面积2.6万平方米,周边绿树成荫,鸟语花香,整个区域绿道环绕,互联互通,一步一景,吸引了众多贵阳、北京、福建等省内外游客前来观光体验。

2017年11月30日,由国家体育总局汽车摩托车运动管理中心主办,在广西桂平开展的第四届中国汽车(房车)露营大会开幕式上,六枝318浪哨缘房车营地荣获"国家五星级房车露营基地"称号,是贵州唯一的全国五星级汽车自驾运动营地。

318浪哨缘房车营地作为六盘水、贵州乃至西部配套项目完善、产品多元化的房车露营项目,下一步将致力于围绕六盘水"以户外特种旅游和特色生态休闲接待为核心的特色旅游目的地城市"建设的主旨,突出六盘水"户外之都,特色休闲驿站"形象的塑造,打造"贵州自驾房车大本营,六盘水休闲会客厅"特色品牌,服务西部自驾车旅游者和周边城市游客,为联通贵州、西部和全国以及世界的自驾游房车旅游市场打下良好基础。

执笔:周帆青

> 贵州体育旅游发展报告 2019

# 发展高桥极限运动　推动体旅融合发展

## ——安顺坝陵河大桥推动贵州高桥资源开发

高桥极限运动，是依托现代交通设施的桥梁进行一些难度较高且挑战性较大的组合运动项目，为一项集竞技、文化、时尚和创意于一体的运动。高桥极限运动旅游，是桥梁旅游与体育旅游融合产业深度融合的新业态。贵州高桥资源优势突出，是全世界特大桥梁数量最多、桥梁规模最大、桥梁类型最丰富的地区，被称为"世界桥梁博物馆"。其中，世界排名前100的高桥中，45座桥梁位于贵州省。沪昆高速坝陵河特大桥（以下称"坝陵河大桥"）建成时居"国内第一，世界第六"，现为世界第十高桥。坝陵河大桥创新开发高桥极限运动与体育旅游融合发展项目，打造具有贵州山地特色、国际知名的高桥极限运动旅游目的地，有助于丰富旅游产品体系，拓展旅游消费空间和促进旅游业转型升级，盘活体育资源和桥梁资源，推动体育旅游产业提质增效，促进当地经济社会文化发展。

### 开发极限运动项目，盘活高桥体育旅游资源

坝陵河大桥为世界山区第一座千米级钢桁梁悬索桥，全长2237米，主跨1088米，高度370米，全桥投资14.8亿元人民币。大桥与周边高山、峡谷、河流、森林、瀑布、洞穴等自然景观紧密相连，与附近村寨、古迹等人文景观交相辉映，旅游价值高，资源组合良好，是发展高桥极限运动的"奠基石"，是联动周边区域旅游资源的"钢丝绳"，是推动全域旅游发展的"发动机"。

大桥位于贵州省重要干道沪昆高速镇胜段，安顺市关岭县境内，是贵阳和安

顺西行的重要通道，紧邻关岭县城、黄果树瀑布风景区、红崖天书、关索岭等景区（点），分别距离安顺和龙宫风景区60千米、46千米，其既具有旅游客源市场优势，又可以同附近景区联动发展，促进区域性全域旅游发展。

坝陵河大桥旅游区域设立统一的运营公司，贵州高速公路集团牵头，在旅游管理部门规划和指导下，关岭县政府配合支持下，不断对大桥周围环境进行配套提升，对桥梁科技馆升级优化，对大桥高空项目进行招商合作，打造具有贵州山地特色的国际性高空极限运动旅游目的地。目前，坝陵河大桥入驻高桥极限运动商家，开发有蹦极、速降、低空跳伞、热气球等极限运动项目，发挥桥梁博物馆、观光电梯和观景台及周边的民宿、娱乐项目等旅游优势，盘活桥梁体育旅游资源，助推坝陵河大桥体育旅游融合发展。

## 发展极限运动旅游，丰富体育旅游产品体系

自建设伊始至今，坝陵河大桥荣膺过5项"第一"：在高山峡谷区修建大跨度桥梁，在世界建桥史上属第一；西岸长74.34米，为世界第一大隧道锚；东岸重力式锚碇混凝土浇筑方量达81662立方米隧道式锚碇，位居国内第一；全桥长2237米，为山岭重丘国内第一长桥；全桥投资14.8亿元人民币，为目前省内交通建设独立大桥投资之最。2019年1月12日，370米高空峡谷蹦极项目刷新蹦极吉尼斯世界新纪录。这5项"第一"极具有旅游吸引力，特别是高桥蹦极极限运动，深受不同旅游者的青睐。

随着贵州山地旅游的发展，坝陵河大桥依托大黄果树风景区，以高桥极限运动及相关服务项目为核心吸引物，以"食、住、行、游、购、娱"六要素为基础，不断加强旅游交通、旅游商品、服务设施，大力发展高桥极限运动旅游项目，提供现场观察、参与体验、参观游览等相关高桥极限运动服务形式，并连续多年举办国际性低空跳伞邀请赛，满足不同体育旅游者的健康、娱乐、运动、挑战需求，拓展旅游消费空间，促进旅游业转型升级。

2018年10月20日，由国家体育总局航空无线电模型运动管理中心、贵州省体

> 贵州体育旅游发展报告 2019

图18　安顺坝陵河大桥低空跳伞（图片来源：安顺市文化广电旅游局）

育局、安顺市人民政府主办的"2018年中国·黄果树坝陵河大桥低空跳伞国际邀请赛"开幕式在坝陵河大桥举行（图18），来自美国、加拿大、德国等13个国家和地区的30名选手参加比赛。"国际低空跳伞"活动等山地户外极限运动拉动了体育旅游经济增长，促进安顺市乃至贵州省体育旅游产业发展，为高桥极限运动与体育旅游产业融合发展奠定示范性基础。

## 完善极限运动服务，推动体旅产业提质增效

坝陵河大桥旅游发展定位为国际一流、国内知名的山地极限运动休闲基地、公路工程科普旅游基地、全省桥梁观光展示区，既可以单体依托独立成景开发，又能够依托大黄果树风景区组合联动开发。接下来，坝陵河大桥计划以大桥高空极限运动休闲为核心，融合科普旅游与花海村寨，联动龙宫、黄果树瀑布，推动极限运动与工程科普旅游相结合，完善高桥旅游相关服务，打造自主IP品牌，创新开发高桥极限运动产品，建立"纺锤形"发展模式。

完善高桥极限运动旅游基础设施及配套服务。一方面，完善高桥极限运动旅

游基础设施，包括旅游交通、观光、体验等，引入和开发具有国际、国内影响力或自主知识产权的高桥极限运动品牌赛事，创建具有贵州山地特色、国内一流、世界知名的高桥极限运动旅游目的地，完善高桥极限运动配套服务。另一方面，在开发高桥极限运动项目的同时，要向极限运动旅游者提供高桥极限运动安全服务，以及旅游餐饮、住宿、交通、商品、餐饮等配套服务，树立贵州高桥极限运动国际新形象。

加强宣传推广服务，打造自主IP品牌。首先，坝陵河大桥世界排名前10，具备打造全国一流世界知名的高桥极限运动旅游项目品牌。其次，依靠高桥本身的"世界纪录"和"科技专利"，提升高桥的知名度。再次，以高桥的知名度开发和创新极限运动旅游项目，增加旅游吸引力和增添吸引度。最后，借助贵州高桥极限运动旅游的特色，打造贵州独特的高桥极限运动旅游项目品牌。

创新开发高桥极限运动产品，建立"纺锤形"发展模式。当前，坝陵河大桥主要是"纺锤形"发展模式，既离不开高桥极限运动旅游项目的常态化发展，又离不开高端、中端和低端市场需求的人群。一是要满足高端市场需求；高桥极限运动旅游者主要是为了满足精神享受和自我实现，依然属于高端体育旅游项目，消费群体主要是高收入者，开发时还是要考虑高端旅游消费者的需求和想法。二是要引领中端市场需求；高桥极限运动旅游中端市场主要分为参与体验和观光游览两个部分，前者倾向于高端市场，后者偏向于低端市场。三是要关照低端市场，主要是指前往现场观赏高桥极限运动的群体。

执笔：吴　彪

# 世界攀岩胜地　户外运动天堂

## ——紫云格凸河打造国家攀岩训练基地

独特的喀斯特地貌造就了良好的原生态旅游体育资源优势和内涵厚重的民族文化。神秘格凸河、传奇亚鲁王、国家攀岩公园、户外运动的天堂,成为国内外专家对紫云赋予赞誉的地域性标志。近年来,紫云县充分利用优质的体育和旅游资源,紧紧围绕"亚鲁王"文化和"攀岩运动"这两张名片,大力促进体育和旅游融合发展。格凸开展攀岩比赛活动至今已有10余年历史,在贵州省体育局和安顺市政府的大力支持下,格凸从最初的攀岩比赛活动发展成为国际攀岩赛事。格凸国际攀岩节在2016年中国体育文化·中国体育旅游博览会上成功入选"中国体育旅游精品"项目。连续举办的攀岩节活动,吸引了更多国内外朋友到紫云比赛、旅游、休闲,从而推动体育旅游产业发展,提升了紫云知名度、美誉度。

### 一方沃土——把握本土资源优势

格凸河属珠江流域红水河支流濛江支流,发源于贵州长顺县,先向西南流向紫云县,又向东南流向罗甸县。紫云县流域,有大量穿洞,其中小穿洞景区是格凸河穿洞风景名胜区的主要组成部分。小穿洞地处格凸河中下游,主要景点有苗厅、上中下三洞共天、中洞人家、峡谷风光等,是格凸河穿洞风景名胜区的主要景区。小穿洞其出口的上方,上、中、下三个溶洞,是世界上海拔最高的溶洞。穿洞本身酷似火车隧道,高30余米,宽20余米,洞壁陡如斧削,适合开展攀岩运动。洞中有无数小燕来回飞翔,清晨傍晚燕出燕归,极为壮观。

穿洞一带，奇峰遥逸，直插云天，古木参天，枯藤倒挂，绵延数十里，峰影倒映河中，一片秀色，优美动人，使人流连忘返。

以喀斯特地貌为基础，以穿洞群景观为代表，集峡谷河流、原生植被、苗族文化及风土人情景观于一体，最后汇聚成了在全国乃至全世界都独具一格的紫云格凸河景区。格凸河穿洞风景名胜区被列入国家重点风景名胜区和首批国家自然与文化遗产预备名录。

### 一张名片——发挥特色名片魅力

2018年，格凸攀岩纳入中国攀岩联赛第五站比赛。"一带一路"大师挑战赛融入安顺市旅游发展大会之中，成为旅游发展大会中亮点活动。中国登山协会在旅游发展大会上授予格凸"国家攀岩训练基地"牌子，这是安顺市继镇宁夜郎洞获得"全国掷球训练基地"之后，获得的第二块国家级体育训练基地牌子，在体育旅游融合发展的推动下，攀岩体育特色小镇也呼之欲出。

2019年7月28日，紫云自治县格凸攀岩小镇开园迎客。开园当日，不少省内外游客及户外运动爱好者慕名而来。格凸攀岩小镇以传承和继承格凸攀岩文化为主，实现了体旅、文旅、农旅的深度融合。攀岩小镇设有成人／儿童攀岩墙、儿童游乐场、生态农场、攀岩主题餐厅、客栈、自助烧烤区、农家餐馆等。目前，这里已经开发的攀岩线路有380多条，每条攀岩线路风景各异、各有特色。

格凸攀岩小镇的投入使用，促进了紫云山地旅游业的加速发展。为攀岩运动爱好者提供了良好的训练环境，为国内外攀岩体育赛事提供了具有国际水准的培训基地。

### 一条新路——推动体旅业态融合

为坚持以人民为中心，办人民满意的体育，以创建全国体育旅游示范区为目标，充分挖掘和发挥本土资源优势，培育和壮大企业集群，构建产业体系，推进体育和旅游深度融合，不断满足人民群众多层次多样化运动健康生活需求，紫云县通过多种措施推动格凸河景区的体育旅游业态融合发展，继续打造紫云格凸的攀岩品牌。

以举办赛事活动为抓手，促进基础设施建设。一是要依托紫云格凸景区升级改造和格凸生态体育公园建设，着手规划建设以格凸河景区为中心的集户外运动、文化体验、休闲度假为一体的体育旅游产品，促进旅游从观光一日游向深度体验转变。二是要在升级景区改造中充分融入体育功能。升级景区步行道，以健身步道为纽带联系格凸河攀岩基地、亚鲁王城、帐篷酒店等，将康养健身、户

图19　紫云格凸河攀岩挑战赛（图片来源：贵州省体育局）

外运动、文化体验、休闲度假等融入旅游之中。在进入景区后，让游客能在休闲游玩中健身、在休闲健身中游玩。三是要推进格凸国际攀岩休闲训练基地建设工作。基地是一个集承接各类攀岩赛事、接待、培训、会议、室内外攀岩、康复、体验等功能为一体的攀岩运动活动中心，目前基地拥有主副两个攀岩馆，主馆主要面对专业赛事和运动员训练，副馆主要面对群众攀岩体验和全民健身运动推广。

以体促旅，全力推进国内、国际赛事落地紫云。一是要开展山地户外运动。近年来，结合优质的自然资源和得天独厚的气候条件，紫云格凸成功举办了全球商学院EMBA丛林穿越挑战赛、格凸探秘、速降等系列活动，对外大力宣传推介了紫云的体育旅游资源，取得良好的宣传效应。二是要利用大型体育赛事承办平台，探索挖掘休闲运动项目资源，扩充项目范围和规模，推动体育产业发展。以办好"格凸国际攀岩赛（图19）""五峰杯"足球赛等品牌赛事活动，不断提升紫云知名度、美誉度和影响力。

体育为景区带来人气，景区为赛事提供优美环境；体育活动老少皆宜，旅游亦然；两种业态在全域旅游的大背景下撞在一起，"蝶变"是情理之中。在景区举办体育赛事和在景区建设体育训练基地是安顺市体旅融合发展实践模式之一。

执笔：林木夕

# 持续举办全国溯溪越野挑战赛
# "体旅融合"风生水起

——金沙打造体旅精品赛事 助推旅游业"井喷式"增长

所谓溯溪，是由峡谷溪流的下游向上游，克服地形上的各处障碍，穷水之源而登山之巅的一项探险活动。这项体育项目最初盛行于日本，近年来国内也开始举办关于溯溪的体育赛事。自2014年以来，金沙县已连续成功举办了4届全国溯溪越野挑战赛。在2017年中国体育旅游精品项目发布授牌仪式上，"金沙冷水河全国溯溪大赛"荣获"2017年中国体育旅游精品赛事"称号，这是冷水河先后获得"中国体育旅游精品景区""全国十大经典溯溪线路之一"后再次获得的殊荣。通过全国溯溪越野挑战赛及相关赛事的举办，金沙实现了"打造文化旅游创新区、大健康产业、山地户外民族特色体育大省强省、山地公园省"的战略决策，并依托金沙山水资源优势，走出了一条具有金沙特色的"体旅融合、以体促旅"的体育旅游融合发展道路，从而促进体育消费、拉动旅游发展，实现体育旅游融合发展的目标，助推金沙旅游业实现"井喷式"增长。

## 全民健身注活力 全民推广有动力

贵州金沙冷水河景区两岸植被都在悬崖绝壁中，人迹罕至，保存完好，河水清澈见底，晶莹透明，在河水中涉水，为炎热的夏季带来一丝凉意。而由于水流落差大，河流经过多层岩石，形成很多小瀑布，时缓时急，这也为溯溪运动提供了天然的运动场地（图20）。溯溪是一项可以结合登山、攀岩、露营、游泳、绳索操作、野外求生、定位运动、赏鸟等综合性技术的户外活动。在溯溪过程中，溯行者须借助一定的装备，具备一定的技术，去克服诸如急流险滩、深潭飞瀑等许多艰难险阻，充满了挑战性。

历年来举办的溯溪越野赛是一项高负荷、大强度、长距离的竞技运动，运动员需具备一定的山地马拉松、溯溪涉水、攀登绳索等综合技能。溯溪赛道需要沿着峡谷溪流行进，克服地形上的各处障碍，是穷水之源而登山之巅的一项探险活动，溯溪运动以其亲近自然、挑战自我、充分展示山地户外综合能力的特性而为广大户外运动爱好者所推崇，是一项适合推广的全民健身运动。

通过溯溪越野挑战赛的参与，在不断满足大众多层次多样化的健身休闲需求的同时，还能提升幸福感，为经济发展新常态下扩大消费需求、拉动经济增长、转变发展方式提供有力支撑和持续动力。充分利用森林、山地、草原、瀑布等独特的自然资源，打造具有特色的健身休闲集聚区和产业带，助力金沙旅游业能够实现体育旅游融合发展。

通过2016年溯溪越野赛参赛人群统计数据分析：参赛选手中，全国中高端人

图20　金沙溯溪（刘有飞 摄）

士占比10%，全国知名跑团占比45%，社会跑步爱好者占比30%，特邀高水平运动员、国际友人、公益组织等占比15%；地区数据分析显示，西南地区参赛人数占比50%，国内其他城市占比30%，贵州省内占比20%，年龄大部分在18~60岁。不难看出，爱好这项运动的年龄跨度很大，而参与者除了运动员以外，也有不少爱好运动的个人和团队。

这些攀岩、跑步的爱好者们，在赛事中共同体验乐趣，在真山真水中肆意奔跑，感受水流和岩石力量带来的刺激与惊喜，体验未知的挑战和逆流中不进则退的真谛，一起团结合力面对溯溪中的困难，最终走向胜利的终点。这样的参赛人群基数覆盖，正好符合了增强人民体质、实现全民健身和全民健康深度融合的要求，正是建设"健康中国"的重要内容。同时也为构建良好自然生态环境、人文社会环境和放心旅游消费环境，实现全域宜居宜业宜游提供了一定的群众支持。这种数量的群众让这项运动能推广到公众中去，让广泛群众都可以参与这项健身休闲项目，拥有较大的市场空间，可以引导多方参与这项体育项目。

## 山水溯溪　　带动发展添潜力

溯溪是集登山、露营、攀岩、野外求生等综合技能于一身的一项全身运动，在参加溯溪活动之前，需要了解一定的有关溯溪技术的书籍。同时也需要学习各项攀登、溯行的技术与知识，报名参加各种训练讲习，做好溯溪前的充分准备。这就为推进相关的体育产业部门和业态全面发展，促进体育产业与其他产业相互融合，实现体育产业与经济社会协调发展创造良好的机会。同时在建立布局合理、功能完善、门类齐全的体育产业体系、体育产品和服务的前提下，能让市场机制不断完善，去满足各类旺盛的消费需求，继而带动其他产业的提升，成为推动经济社会持续发展的重要力量。

金沙项目计划以冷水河景区为基地，攀岩、登山、野外求生等体育项目为核心，辐射带动周边旅游景区、培训基地、露营场地等其他区域体育旅游共同发展。与此同时，可以以参与体验为形式、促进身心健康为目的，向大众提供相关产品和服务的一系列经济活动，涵盖健身服务、设施建设、器材装备制造等业态。通过连锁经营等方式，进一步提升核心竞争力，延伸产业链和利润链。

近年来，赛事举办地金沙县积极落实贵州省委、省政府提出的"打造文化旅游创新区，发展大健康产业、建设山地户外运动大省、山地公园省"的战略决策，加大"花海毕节·月月旅游"活动和文化、旅游宣传力度，通过文体旅活动的举办，倡导全民运动、全民参与、全民健康理念。以旅游全产业深度融合发展为重要抓手，发挥文化、体育活动在旅游市场宣传推广和产品开发中的引领作用，推动景区文旅、体旅深度融合，打造全域旅游精品线，充分展示金沙旅游的独特魅力。通过各类赛事的举办，吸引了众多游客来金沙避暑旅游，拓宽了农民增收渠道，助力脱贫攻坚，助推乡村旅游蓬勃发展。

执笔：李　棋

# 百里杜鹃多措并举推动体旅融合发展

## ——"体育+"景区优质资源打造国家康养目的地

百里杜鹃管理区以旅游立区,自建区以来,管理区本着"做强创意、全域发展、盘活资源、塑造品牌"的发展战略,各部门结合职能多措并举强力推进旅游业快速发展,打造集亮点突出、特色鲜明、气息浓厚、产业集聚为一体的"围棋户外越野冬(夏)令营"三大运动品牌和户外休闲运动目的地,着力打造国家康养目的地,取得比较明显的成绩:群众体育精彩纷呈、体育设施逐步完善、竞技体育稳步推进。体育旅游的融合发展有效丰富了广大群众的体育生活,也开创了体旅融合发展新局面,为推动百里杜鹃管理区体旅高度融合发展奠定了坚实基础。

### 围绕一个核心景区强创意

百里杜鹃管理区于2007年7月,经贵州省委、省人民政府批准设立,其位于贵州省西北部,毕节市中部,因绵延125.8平方千米的高山原生态杜鹃林带而得名。辖7个少数民族乡2个管理区68个村(居)委会,总面积为700余平方千米,总人口15万余人,居住着汉、彝、苗、白、满、布依、仡佬、侗、蒙古等22个民族,全区平均海拔1580米,森林覆盖率达62.29%,负氧离子每立方厘米2万个。

百里杜鹃风景名胜区是百里杜鹃的核心景区、国家级森林公园,2013年成功晋升为5A级景区。公园内有41个杜鹃花品种,囊括了世界杜鹃花5个亚属的全部。这里被誉为"世界上最大的天然花园",享有"地球彩带、世界花园"之美誉,管理区以此为核心和依托，整合辖区普底景区、金坡景区、奢香军营山地公园、彝山花谷、米底河、九龙山、红军广场等景区景点资源，充分利用国家5A级旅游景区、国家生态旅游示范区等品牌效应和独具特色的自然资源优势，创新发展思路，将体育与旅游融合，大力推进体育与健康、旅游、文化等产业融合发展，打造特色鲜明、文化气息浓厚、产业集聚融合、生态环境良好的体育示范区，积极申办国际性、区域性各类赛事活动，通过打造户外运动赛事品牌，广泛吸引并支持各地机关团体、企事业单位等到百里杜鹃管理区举办各类体育比赛，有效聚集人气，鼓励企事业单位职工走出办公室、离开手机，享受低碳健康的生活方式，营造全民健身氛围，助推旅游业发展。

## 打造三个精品运动树品牌

为积极推进百里杜鹃体旅融合发展，塑造体育品牌，奠定全域旅游发展基础，营造健康的浓厚氛围，实现以旅促体，以体兴旅的目的，百里杜鹃管理区大力打造"杜鹃花杯"围棋邀请赛、越野跑挑战赛和冬（夏）令营活动，推动体育与旅游融合发展，实现了体育与旅游同发展、共促进。

至2019年，管理区已持续举办了25届"杜鹃花杯"围棋邀请赛，特别是第六届"中信置业杯"女子围棋甲级联赛暨第24届"杜鹃花杯"围棋邀请赛吸引了聂卫平、马晓春、於之莹等国内顶尖高手和大量国内围棋爱好者，利用得天独厚的自然风光给参赛选手和游客带来幸福感、舒适感，让选手在景中比、让游客在景中观，促进了地方餐饮、住宿业的发展，拉动旅游经济。

同时，管理区以中国·贵州国际山地户外运动大会的举办为契机，策划组织了形式多样的户外运动活动，为体旅融合发展提供有力抓手。自2016年起，成功举办2届国际越野跑挑战赛和1届安纳西国际越野跑、1届环百里杜鹃湖七彩迷你跑、3届毕节市银行系统越野跑、1届平安集团驻地机构越野跑挑战赛等户外越野跑活动。截至2018年，户外越野跑共接待游客87.08万人次，实现旅游综合收入约5.23亿元；直接从业人员9300余人，间接从业人员46000余人，直接从业人员人均旅游年收入约4.8万元，间接从业人员人均旅游年收入3000余元，人均旅游年收入约1.06万元。

为营造青少年体育健身的浓厚氛围，切实做好青少年"赛、活、培、观、练"五件事，管理区与有资质、有经验、有团队的专业机构合作，举办青少年冬（夏）令营等活动，设置团队破冰、团队文化建设、草原10千米徒步、草原障碍越野赛、森林探秘（穿插）、营地登山、草原定向越野等项目体验，让更多青少年了解百里杜鹃区情和乡风文明、开阔眼界、增长知识，促进青少年基本掌握3~5项体育技能。至今已成功举办了2018年"全省青少年体育冬令营"毕节站活动，正积极申报2019年"营动中国"全国青少年户外营地冬夏令营活动和打造研学旅行基地、营地。

## 多措并举推动体旅融合发展

近年来，百里杜鹃管理区通过六大举措，积极推动体育与旅游融合发展，实现体育与旅游同发展、共促进，致力于将百里杜鹃景区打造成为全国全域体育示

图21　百里杜鹃国际越野跑（图片来源：贵州省体育局）

范区、群众体育运动创新区、国际山地户外运动休闲度假目的地和国际体旅融合康养目的地。

规划引领有力。按照全域体育规划的理念，管理区统筹推进《百里杜鹃管理区全域体育规划》编制工作，规划将体旅示范基地、精品线路、精品赛事融入全区规划建设中，加快推动奢香军营山地公园、彝山花谷景区、米底河景区、花海文化城湿地公园等体旅项目建设，进一步带动百里杜鹃区域体育、健康及相关产业发展，打造各具特色的运动休闲产业集聚区，形成与当地经济社会相适应、良性互动的运动休闲产业和全民健身发展格局，实现体育旅游、体育传媒、体育会展、体育广告、体育影视等相关业态共享发展。

完善设施竭力。按照"先户外、后室内"推进要求，已建成普底景区、金坡景区、奢香军营山地公园、彝山花谷等一批集山地户外运动、休闲康养、户外拓展为一体的体旅融合基地，建成了健身步道、山地自行车赛道、赛马场、飞拉达、滑索、射击场、户外露营、越野赛道等体育项目，深受广大游客、体育爱好者的喜爱、青睐。通过常态化举办国内、国际体育赛事活动，形成了全国"杜鹃花杯"围棋邀请赛、国际越野跑邀请赛、全国山地自行车邀请赛等品牌赛事。

自2007年建区以来，新建了1个省级生态体育公园、68千米城市自行车骑行道、28千米山地自行车赛道、100余千米健身步道、60千米越野跑赛道标识牌等体育设施，有效提升群众身体素质，营造浓厚的运动健身氛围，为举行大型体育活动和丰富全民健身业态奠定了坚实基础，提供了保障。

突出特色助力。在比赛和活动期间，设置围棋百盘指导棋、人机对抗赛、商界棋王大赛等形式多样的赛事，还设置了具地方特色的长桌宴、篝火晚会、乌蒙欢歌等少数民族活动，让参赛选手和外来游客尽情领略了神秘古朴的百里杜鹃民族风情，观赏百里杜鹃的独特风景，体验少数民族特有的民间习俗、风情文化。不仅缓解比赛压力，还展示了少数民族特色文化，让参赛选手和广大游客流连忘返、记忆深刻。

激活市场得力。2017年成功引进了广州希毕恩体育发展有限公司，并签订

了战略合作协议。该公司从2017年开始落地至今,在百里杜鹃连续举办了3届国际越野跑挑战赛(图21),政府采取"扶上马、送一程"的方式帮助企业落地,将赛事的宣传发布、选手报名、赛道规划、赛事执行、赛事宣传等委托希毕恩公司执行;政府提供场地、安保、医疗救助、媒体支持的必要保障服务;参赛选手食宿、交通费用自理,促进了周边餐饮、住宿业的发展,为周边困难群众提供了创业、就业的机遇,带动了大量农户脱贫致富创增收;赛事补给点沿途所需志愿者全部从临近村的村民中招募,增加老百姓收入的同时也营造了乡风文明的群众氛围。体旅融合在加快经济发展方式转变、促进产业结构优化、扩大内需方面取得了一定成绩,也进一步助推运动休闲与旅游、文化、养老、教育、健康、农业、林业、水利、通用航空、交通运输等业态融合发展,为打造体育旅游目的地开启了新篇章、新未来。

同时,通过引进和培育体育旅游服务专业人才队伍、发展和培育体育旅游服务志愿者队伍,保证了旅游服务的质量水平,圆满完成全区旅游接待和体育旅游赛事的服务工作。

宣传创新给力。通过举办系列国内、国际体育活动赛事和国际杜鹃花节,吸引了大量参赛者和旅游观光者,借助旅行社平台、新闻发布会、专业体育传播平台进行全方位大力宣传赛事,进一步提高百里杜鹃旅游知名度、美誉度。

联动保障全力。为给各项运动赛事的参赛选手提供一个安全、舒适、满意的竞技环境,区直部门在党工委、管委会的统筹下配合联动,各履其责,各尽其职,联动全力做好各类赛事运动的保障工作。制定《突发事件应急预案》《安全维稳工作方案》等专项方案,选优培强保障人员,进一步提升安全、食宿、交通、通信等服务保障水平。同时,制定《医疗救护工作方案》《应急预案》等方案,为运动赛事提供专业的医疗团队,保障赛事活动圆满举办。

执笔:田不悔

# 发扬"龙舟文化"  创建绿色发展先行示范区

## ——铜仁碧江区依托龙舟赛事助推体旅融合

铜仁是"中国传统龙舟之乡",锦江龙舟竞渡历史悠久、源远流长。据史料记载,早在明朝时期,锦江两岸的居民就有了端午赛龙舟这一习俗。时至今日,已经形成了祭龙船、点龙睛、船下水等一系列独具地方特色的龙舟文化,这已经成为当地民族文化的象征与文化符号。十里锦江景色秀丽、水流清澈,常年保持着国家级二类水质,为龙舟竞赛提供了绝佳的自然条件。近年来,碧江区依托龙舟赛事打造龙舟文化盛宴,充分传承和挖掘龙舟文化内涵,龙舟文化品牌日趋响亮,实现"文化搭台""产业唱戏""群众受益"相得益彰的良好效应。

### 以体育旅游精品赛事传承"龙舟文化"

2009年1月15日,国家体育总局社会体育指导中心授予原县级铜仁市(今碧江区)"中国传统龙舟之乡"称号。每年端午节定期举办全国性龙舟大赛,作为体育旅游精品赛事重点推广。自1976年纪念毛泽东同志畅游长江,从县到各乡镇组织82支龙舟参加比赛以来,至今碧江已举办龙舟比赛100余场(次),成为当地和外来游客喜闻乐见的一项体育旅游精品赛事。其中自2015年开始,碧江区与中国龙舟协会合作举办的中国龙舟公开赛(贵州·铜仁·碧江站)暨中国传统龙舟大赛(图22)赛况最为激烈,2015年共59支男女传统龙舟队、2500余名运动员竞逐锦江,吸引了近15万群众前来观看比赛和旅游;2019年参赛队伍增至64支,观赛群众也从2015年的近15万人增至20余万人,参赛代表队来自多个国家和

图22 铜仁传统龙舟赛（全景）（图片来源：碧江区文体广电旅游局）

省市。在2019年"桐达·翰林居杯"中国龙舟公开赛（贵州·铜仁·碧江站）暨中国传统龙舟大赛开幕式上，数百名演出人员围绕"龙舟"主题，倾力演绎了龙舟文化的夺目风采，通过极具民族特色和时代感的演出，充分展示了全市人民团结拼搏、攻坚克难、奋楫争先的精神状态。除此之外，在赛事开始前一天还组织画舫、游船、龙舟、皮划艇等船只进行游江活动，从城区瓦窑河码头一直巡游到大明边城景点，此外，还举行了扭龙、祭龙等民俗活动。整场赛事通过请龙、醒龙、入江以及现场搭建龙舟祭祀、龙舟文化展示舞台及展示区等方式，展现了民俗风情，传承了龙舟文化。

"赛龙舟"作为碧江传统体育运动，当地政府尤其注重龙舟文化的保护和传承。该区在国家4A级景区大明边城投入100多万元打造了龙舟基地，建立了长900米的4条水上赛道，并整治了锦江沿岸环境，在三江公园建立了一座长49米的龙舟文化墙，文化墙用产自山东的汉化石刻天青石雕琢而成。同时，大力引导和推广龙舟文化成立龙舟协会，培养传承人，近5年来共培训、指导龙舟队伍80余支，锦江两岸出现"一村一龙"的好态势。2009年，该区被授予"中国传统龙舟之乡"称号，2011年，"铜仁赛龙舟"作为传统体育项目被列入第三批国家级非物质文化遗产名录。通过龙舟赛事引领繁荣群众文化体育事业，2018年，碧江区荣获贵州全省"十佳全民健身模范县""十佳体育旅游示范县"等称号。

## 以碧江"龙舟品牌"带动区域发展

借助龙舟赛事平台,碧江区利用赛事期间参赛选手和媒体记者云集营造的"提名气、聚人气、增引力"的浓厚氛围和舆论强势,持续举办商贸洽谈会,自2012年以来龙舟赛期间招商引资300多亿元,其中2019年龙舟赛期间商贸洽谈会成功签约项目14个,签约总金额达48.3亿元人民币,产业涉及商贸物流、文化旅游、高效农业、电子科技、装备制造等多个领域。通过商贸洽谈活动,与会客商最直接地看到了、感受到了碧江的独特优势、市场地位和影响力,增强了投资合作的信心和动力。

通过"龙舟品牌"的打造,形成"龙舟+旅游""龙舟+农业"的"龙舟+"特色产业和产业集群。2017年通过开幕式表演、祭龙游江、商贸洽谈会、欢乐音乐节等系列活动轮番上阵、异彩纷呈,各大互联网、客户端、新媒体的点击率及二次曝光次数超2000万次,百度搜索引擎搜索"2017铜仁龙舟"相关信息近20万条,碧江"中国传统龙舟之乡"的品牌更加响亮,仅端午节三天全区接待游客67.2万人次,旅游收入1.7亿元。2019年,中国龙舟公开赛暨中国传统龙舟大赛在中国传统龙舟之乡碧江区锦江河上拉开序幕,该区200余艘船只3000余人在锦江上举行大规模的水上巡游展演,百度搜索引擎搜索"2019铜仁龙舟"相关信息152万条,来自四面八方的人们齐聚一堂,共同来到此地迎接端午节,热闹非凡。

如今,"碧江赛龙舟"已从独特的地方民俗逐渐演变为国内外具有广泛影响力的体育赛事,成为展示铜仁形象、弘扬铜仁精神的重要窗口。通过此品牌赛事的举办已带动周边相关产业的联动发展。

## 加强联动,助推"龙舟文化"深入发展

助推"龙舟文化"深入发展,必须各方协调联动。

首先,需要政府引领。紧紧围绕社会需求,充分发挥政府的统筹作用,整合资源,加大投入,推动碧江区传统龙舟的发展。

其次,引入市场运作。按照"创优争先、争创一流"的筹办理念,在政府统筹的前提下探索将传统龙舟推向市场,使传统龙舟的投入多元化,管理多元化,从而使碧江区传统龙舟适应现代社会的发展,提高其市场竞争性。

再次,树立品牌意识。坚持树立打造传统龙舟的品牌意识,力争把碧江传统龙舟培育成为碧江民族文化、铜仁民族文化乃至贵州民族文化的重要标志,并通过探索引领市场运作形成品牌引领。

最后,以民为本。充分调动群众的积极性和能动性,广泛发动群众参与到传统龙舟的传承和发展中来,使群众在传承和发展创新中享受实惠。

近年来,碧江围绕"念好山字经、做好水文章、打好生态牌,奋力创造绿色发展先行示范区"这一目标,把全民健身作为人民群众追求小康生活、幸福生活的重要举措,助推传统文化精品赛事与体育旅游的深入融合,着力实施旅游产业发展战略,大力弘扬中华传统龙舟文化,"龙舟文化"已发展成为碧江颇具影响力的文化品牌,"碧江赛龙舟"已经从单一的地方民俗,演变成为在全国乃至世界范围内具有一定影响力的国际体育赛事。

当前,铜仁正处在决战脱贫攻坚、决胜同步小康的关键时期,通过龙舟联赛的举办,促进碧江区全民健身的深入开展,加强本地和周边龙舟爱好者之间的沟通与交流,积极发扬"龙舟精神",展现出碧江人团结友好、拼搏向上的精神风貌。团结协作、勇为者胜的龙舟精神正激励全市各族人民开拓创新、感恩奋进,奋力谱写"一区五地"建设新篇章。

执笔:张宪菊

# 体旅融合促发展　健康铜仁谱新篇

## ——环梵净山国际公路自行车赛引领贵州体旅新潮

自国家体育总局批复同意贵州省创建体育旅游示范区以来，铜仁市文体旅游系统积极探索，扎实开展体旅融合发展各项工作，以"健康铜仁"为主题，以"创新、协调、绿色、开放、共享"五大发展理念为宗旨，以"一区五地"宏伟蓝图为统领，举办了丰富多彩的竞技体育运动和各类品牌赛事。"环梵净山国际公路自行车赛"是铜仁市体旅融合发展的精品赛事，该赛事的举办呈现了"生态骑行、醉美铜仁"的办赛理念，实现了"联合办赛、合作创赢"的办赛宗旨，达到了"体旅融合、推动发展"的办赛效果，形成了"时尚运动、全民健身"的办赛风尚，升华了"体旅融合发展，助力脱贫攻坚"的赛事主题。多效并举的"环梵赛"引领了贵州体旅新潮，成为大众喜爱的时尚运动和新型旅游方式。

### 生态骑行　醉美铜仁

"环梵赛"（图23）自2011年首次举办以来，已成功举办了九届。"2019年环梵净山国际公路自行车赛"于10月19日在铜仁万山朱砂古镇启动。每年一届的"环梵赛"成为国际性体育赛事品牌，呈现了"生态骑行、醉美铜仁"的办赛理念。"环梵赛"围绕梵净山片区，以佛教文化和生态资源为核心，以骑行赛事活动为主要形式，辐射带动梵净山旅游景区、朱砂古镇、云舍等旅游景点。通过骑行赛事的举办，充分展现了梵天净土、醉美铜仁生态骑行的魅力，让骑行爱好者和观赛者以赛事为契机，体验优质生态，品味绿色生活。

图23　环梵净山自行车赛（图片来源：铜仁市文体广电旅游局）

首届"环梵净山国际公路自行车赛"依托梵净山景区丰富的生态资源和舒适的梵净山环山公路开展赛事,该条线路在梵净山保护区范围内,森林覆盖率超过95%,负氧离子含量最高达每立方厘米16万个,线路在平均海拔1000米以上,是名副其实的"生态骑行"线路。"2018年环梵净山国际公路自行车赛"在沿河土家族自治县举行,作为本次赛事举办地的沿河,境内风光柔美旖旎,与乌江之水、梵天净土构成了独特的自然景观,流泉飞泻景观独特,重峦叠嶂纵横多姿,峡谷断面惊险壮丽,麻阳河国家级自然保护区物种丰富,思州养生温泉宜人心脾,拥有"中国古茶树之乡""中国黑叶猴之乡"等美称。"环梵赛"的举办不仅提供了一种绿色健康的运动方式,更是铜仁灵山秀水的宣传窗口。

## 联合办赛　合作创赢

铜仁市近年来大力举办各类赛事活动,吸引了数百万观众,近三年产生社会经济效益近30亿元,其中体育赛事产生效益约24亿元。

每年一届的"环梵赛"成为地方经济的增长点,实现了"联合办赛、合作创赢"的办赛宗旨。历届"环梵赛"都是采用联合办赛的形式开展,多家合作不仅能够实现资源整合,扩大影响力,提升赛事质量,还能增强经济效益,达到合作共赢的目的。"2018年环梵净山国际公路自行车赛"由贵州省体育局、铜仁市人民政府共同主办,贵州省山地户外运动管理中心、铜仁市体育局、铜仁市旅游发展委员会、沿河土家族自治县人民政府、铜仁广播电视台共同承办,贵州省多彩贵州体旅融合发展有限责任公司推广运营。此次赛事汇聚了来自俄罗斯、澳大利亚、白俄罗斯、伊朗、蒙古、哈萨克斯坦、厄立特里亚、中国香港、中国台湾等不同国家与地区的30支车队、近千名骑手参与,有效地宣传了醉美铜仁的生态和文化资源,扩大了贵州骑行赛事的影响力,拉动了地方经济的增长。

## 体旅融合　推动发展

铜仁市不断加快体育产业与旅游产业的融合发展，以体旅融合助推全域旅游，拉动地方经济，实现乡村振兴，助力和巩固脱贫攻坚。每年一届的"环梵赛"通过体育赛事与旅游的融合，达到了"体旅融合、推动发展"的办赛效果。

"2017年环梵净山国际公路自行车赛"充分发挥了铜仁市自然资源与历史人文资源的优势，通过体育赛事活动深入挖掘思南、江口两地户外运动魅力，不断提升当地旅游产业的广度与深度。"环梵赛"的不断创新发展，最大限度地发挥了体育旅游活动的桥梁和窗口作用，以最全面、最新颖的视角让人们感受到多彩贵州独特的自然人文，为江口梵净山景区乃至整个铜仁市带来了前所未有的活力，助推其成为贵州旅游核心区的重要支点、知名的国际旅游城市。"2018年环梵净山国际公路自行车赛"则将体育赛事和沿河秀丽的山水风光、浓郁的民族风情深度融合，骑行赛事与乌江文化、土家文化、红色文化交相辉映，推动了体育产业与旅游产业的发展。

## 时尚运动　全民健身

自行车骑行已成为当今最为时尚的体育项目之一，近几年来，各地骑行赛事层出不穷。贵州依托独特的山地自然资源优势，积极开展山地自行车赛，打造了特色山地骑行赛事品牌。每年一届的"环梵赛"不仅吸引了职业骑行选手，也吸引了广大群众的参与体验，通过举办骑行赛事形成了"时尚运动、全民健身"的办赛风尚。

"2019年环梵净山国际公路自行车赛"分为男子公路国际精英组（84千米）、男子公路大众组（56千米）、男子山地大众组（42千米）、女子山地大众组（28千米）四个项目，参赛者可以根据各项目的特点和里程数选择适合自己的项目，该赛事的举办涵盖了不同类型的人群，较大限度地囊括了更多参与者，真正做到了全民健身。

## 体旅融合发展　助力脱贫攻坚

体育赛事活动的举办往往与区域经济发展具有联动作用，据统计，赛事活动对周边产业的带动作用能达到1∶9。每年一届的"环梵赛"举办，带动周边产业和区域经济发展，增加地方就业机会，改善乡村面貌，升华了"体旅融合发展，助力脱贫攻坚"的赛事主题。

"2018年环梵净山国际公路自行车赛"在沿河县举办，该县通过标准化提升，全县乡村旅游基础设施和公共服务体系基本完善，产品业态不断丰富，特色化、规范化、组织化、专业化、精细化和品牌化发展水平大幅提高，乡村旅游可持续发展和助推脱贫攻坚带动能力不断增强，发展水平和发展质量显著提升。铜仁市通过骑行赛事的举办，真正把体育竞技精神融入脱贫攻坚工作，取得了良好的效果。

"环梵净山国际公路自行车赛"先后在铜仁江口、印江、沿河、思南、万山等地举办，每年一届的"环梵赛"引领了体旅融合发展的潮流，使骑行赛事成为全民参与的时尚运动，达到了多效并举的作用。

执笔：杨　娟

# 黎平打造百里侗寨国际划骑跑
# 探路体旅融合

## ——国家金牌赛事助力"体旅+脱贫"一起跑

有"杉海粮仓油壶"、侗族"大歌之乡""鼓楼之乡"等称号的贵州黎平县，千里风光绵延秀美，民族文化底蕴深厚，十分利于旅游业的发展。近几年，在国家大力推动体育旅游发展的政策背景下，黎平成功探索出了一条以打造国际划骑跑三项公开赛为抓手，推动全民健身、助力脱贫攻坚的体育旅游融合发展道路。

### 亲至宝地寻天籁　　但闻竞赛人沸声

明代，邝露在其所著《赤雅》一书中明确记载了："侗人善音乐，弹胡琴，吹六管，长歌闭月，顿首摇足。"黎平位于贵州省东南部，地处黔、湘、桂三省区交界，隶属贵州省黔东南苗族侗族自治州。全县面积4441平方千米，总人口56万人，其中侗族40万人，占全县总人口的71%，是全国侗族人口第一的县。这里侗文化元素保存齐全，生态环境保护完好，侗族文化、生态文化、红色文化、历史文化交相辉映，深度融合，是国家全域旅游示范县之一。划骑跑体育赛事的举办，将古老的侗族大歌非遗文化、秀美的原始自然风景和体育旅游紧密结合。划骑跑，顾名思义是划船（Kayak）、骑车（Bike）、跑步（Run）3个运动项目的结合，国际划骑跑三项挑战赛旨在将当地生态风光、自然人文、历史文化，通过挑战赛的形式，让更多的人能够与大自然共呼吸，与当地人文历史文化共融合，体验原生态的古朴风貌。2016年至今，黎平·百里侗寨国际划骑跑铁人三项公开赛

（图24、图25）已连续举办三年，该赛事路线总长348.3千米，赛事活动中，各国运动员需要穿越著名的"红色旅游"经典景区中国历史文化名街——翘街，逐浪绿如翡翠的八舟河国家湿地公园，奔跑在"百里侗寨"如诗如画的山水田园间，一路领略"万亩茶园""高山风车"的自然风光，体验了"侗都黎平"原生态人文景观和浓郁的民俗风情。赛道沿途，身着侗族服装的姑娘小伙，唱起侗族大歌为队员们助威加油，"掠过古梦边缘的旋律"让这项赛事洋溢着浓浓的侗族风。"风情浓、风景美、风物秀"是比赛场地最大的特点，划骑跑所体现的坚韧不拔、朴实乐观精神，亦与侗族民风不谋而合。

<br>

体旅协奏　优化黎平旅游产业结构

黎平县在发展体育旅游产业时，深知自身的优势所在，立足"侗都黎平·颐养胜地"的特色，利用黎平县特有的精品景区、百里侗寨、民族节庆、旅游产品等资源，推出"体育+""+体育"新型体育模式。按照春夏秋冬四季不同的气候

图24　黎平百里侗寨国际划骑跑三项公开赛（a）（图片来源：贵州省体育局）

图25　黎平百里侗寨国际划骑跑三项公开赛（b）（图片来源：贵州省体育局）

特征，策划一批经典体育赛事，如"肇兴八寨—山徒步游""百里侗寨国际划骑跑""侗族摔跤节""自行车赛""自驾游露营"等赛事活动，成功吸引了全国体育爱好者到黎平县参赛及旅游，推动黎平县体育旅游融合式发展。积极带动外来游客人数，实现旅游消费的增加、旅游收入的增长、旅游产业结构的优化以及客源结构的调整，对营造贵州"山地公园省"品牌形象具有积极的促进作用。

有力宣传　　提升旅游形象影响力

"黎平山珍，芳名千里"这是古代文人对黎平古邑文化的赞叹，黎平古城因物产丰富，为历代商贾云集之地，市场相当繁荣，有"小南京"的雅称。素来名气在外的黎平，如今因政府的支持与大力宣传，其精心打造的体育赛事更是得到了国际的广泛关注与民众参与。中国黎平·百里侗寨国际划骑跑三项公开赛能够成功举办，得益于县委县政府的高度重视与部门的协调配合，为赛事的保障服务、赛事宣传、市场运作等开辟出了绿色通道，提供高质高效保障。

具体有两点：一是持续加强旅游景点的宣传和推广，由专业机构负责电视、网络、平面媒体、新媒体的宣传，由《人民日报》、新华社、中央电视台体育频道、中央电视台新闻频道等80余家中央及地方主流媒体进行宣传报道，全方位推广推介赛事和黎平百里侗寨文化旅游。二是充分挖掘百里侗寨的侗族大歌、侗族武术、瑶族武术等具有民族特色文化体育活动，植入赛事的举办运营全过程，扩大本民族的区域影响力，带动了山地户外运动体育旅游发展。

## 打开局面　体旅融合促进黎平脱贫

中国黎平·百里侗寨国际划骑跑三项公开赛以黎平县"百里侗寨"民族村寨为线路，不断带动沿线民族村寨积极发展乡村旅游，成功打开体旅发展促脱贫的局面。村民通过从事手工艺品制作与销售、经营特色民宿等提高收入，借助旅游产业发展脱贫致富。通过落地体育赛事、发展体育产业、开展大众健身等助力脱贫的重要举措，在贫困地区构建"体育+"或"+体育"的发展模式，营造脱贫攻坚、体育助力的良好局面，逐步增加乡村的游客流量，促进体育工作与扶贫工作深度融合，黎平的脱贫进程由于体育旅游业的发展得以加快。黎平民族风情浓郁，旅游资源丰富，是侗族文化的主要发祥地，正充分挖掘"黎、从、榕"侗文化中心内涵，大力发展"两茶一药"产业。同时，也正在加强团结，激发人民群众内生动力，动员黎平人民在脱贫攻坚路上携手前进，助力体旅发展，共同致富。

执笔：郭　楠

# 精神文化"斗"出来 增收脱贫"牛"起来

## ——榕江县乐里斗牛小镇让民族传统体育绽光放彩

千百年来,中华大地上各民族创造了数量庞大的传统体育项目,它们承载着中华文化的基因密码,在民间沃土中活态传承、历久弥新。在云贵地区的苗族和侗族聚居地,均有斗牛习俗,已成为当地老百姓喜闻乐见的一项民族传统体育活动。黔东南州榕江县拥有流传千年的七十二侗寨斗牛传统,每年的农历六月初六是侗族的"吃新节",这一天会举行盛大的斗牛比赛,当这一古老的体育竞技运动与旅游相结合,便迸发出了无限的生机,带来了无穷的价值。

近年,榕江县围绕"苗山侗水·醉牛之旅"精品旅游线路,加快推进乐里七十二寨斗牛城标志性工程建设,打造乐里"东方斗牛小镇"品牌,推行文体旅产业融合扶贫模式,促进当地群众增收致富,2015年以来,榕江县乐里镇斗牛旅游文化产业项目建设,直接带动870户贫困户3480人脱贫,贫困发生率连年降低。

### 一方水土造就"牛斗人和"

榕江县位于贵州省黔东南苗族侗族自治州东南部,都柳江中上游,属于亚热带季风气候,中低山为主的地貌类型,被誉为"珠江上游的生态水库"和"地球腰带上镶嵌的一颗绿宝石",生态环境与自然风光并秀,是"贵州省旅游优先发展区""红色革命老区"和"贵州省体操之乡"。这里的民族风情及民间艺术独具一格,享有"风情浓郁、璞玉浑金、无迹不古、山水独秀"的美称。在长期农耕生活中,生活在山区的少数民族与牛同生、用牛耕种、以牛为食,牛成了他们

图26　榕江乐里斗牛（a）（图片来源：贵州省体育局）

生存下去的重要保障。侗人独特的抢婚习俗催生出"斗牛"活动，育出"牛斗人和"文化。如今斗牛这一活动不仅用来娱乐，更多的则反映了侗族人民勇敢、勤劳、敢于斗争、独立好强的民族品格。斗牛产业作为最具代表性的一项民间体育活动，且在传承和发展的过程中不仅没有衰落，反而发展成群众参与度最高的体育项目，近年来还引进了市场化的运作方式并朝着职业化发展。

七十二寨斗牛场依山而建，是从历史悠久的乡间斗牛文化中提炼设计，并与侗族椭圆形风雨桥风格交融为一体的东方斗牛标志性建筑。斗牛场建于2013年，旨在弘扬独特的牛斗人和、牛斗人乐、牛斗人奋的众牛文化。举行的牛王争霸赛，场内座无虚席，观众人数一度达到5万余人，是当之无愧的世界最大斗牛场。

一场完整的"斗牛"表演，需要经过祭祀仪式、牛王装扮、绕场展示、开始斗牛、双方打和几个阶段（依传统斗牛环节改良），原始热血的打斗场面常常会给现场观看之人带来极大的震撼。斗牛小镇里的活动不仅有热闹的"牛王争霸赛"，还有稻田捉鱼、侗戏表演、侗族婚俗文化表演、篝火晚会、"相约岑娥坡"

> 贵州体育旅游发展报告 2019

野歌节、猎场围猎、竹筒宴等。近年贵州省的侗族"牛王",还会"出差"去一些大城市表演角斗,使这种特殊古老的竞技娱乐文化更加声名远扬,吸引了更多对斗牛活动好奇的国内外游客。

### 斗牛传统升级为地方文化品牌

榕江县高度重视传统的斗牛文化,支持并推广斗牛旅游文化产业,在深挖民族文化和合理开发生态环境的指导下,升级打造了乐里斗牛小镇品牌,深入开发七十二寨特色众牛文化,奋力创新,积极探索出了"斗牛+"发展模式,如"斗

图27 榕江乐里斗牛(b)(图片来源:贵州省体育局)

牛+旅游""斗牛+新媒体""斗牛+扶贫"等模式。大力开展斗牛文化实体展演，建立一、二、三产业融合发展体制机制，借助新媒体网络直播平台直播斗牛比赛增加企业收益。通过宣扬七十二寨世界上独一无二的斗牛文化、建成世界上最大的斗牛场，可以让乐里斗牛小镇聚集人气，充分实现"把客人引进来"。同时，打造民俗农耕文化体验、苗侗医药康养、七十二寨特色民宿等具有深厚民族文化的游客互动项目，依靠保护完好的原始生态环境，配合热情活泼的少数民族文化，实现"把客人留下来"（图26、图27）。

## 斗牛赛事增进老百姓幸福生活

曾经的斗牛场所都是"田坎土边"的土斗牛场，如今乐里小镇已经是一座以东方斗牛文化为主体的生态观光园，且还有继续建设项目，二期拟建牛马古道及森林徒步步道、山地自行车道、户外拓展训练基地等项目。得天独厚的地理优势、浑然天成的民族风情、丰富多样的生态资源以及惠民合理的国家政策，是驱动乐里不断向前的"四驾马车"。

乐里斗牛小镇的建设为当地带来了经济效益、环境效益和社会效益。经济效益上，通过"投资—消费—收入—再投资—再消费—再收入"这一循环周转的过程，旅游地经济总量相对于投入会成倍地增长，包括旅游区产值的增长、为旅游企业提供产品与服务的部门和企业的产值增长，以及旅游业从业人员因旅游收入的增加而获得的个人新增收入。环境效益方面，通过建设该旅游开发项目，可以使当地人民普遍重视旅游资源保护和环境建设，让本地居民自觉保护生态旅游资源；可吸引投资者，促进当地道路交通、电力通信、给排水等基础设施的建设，提高当地居民的生活水平；旅游经营活动中，由农民参与旅游项目，参加旅游客运，生产、加工、出售土特产品、旅游食品和纪念品等旅游活动，可增加农民收入，促进当地的多种经营，最终整体提高区域发展水平；社会效益方面，带动当地人脱贫致富，项目提供更多旅游体验内容，优先聘请本地劳动力，对于脱贫攻坚任务更加具有现实意义；增加就业岗位，旅游业是劳动密集型产业，可为当地居民创造诸多就业机会，使当地居民参与旅游产业建设；满足社会对旅游的需求，假日经济的快速发展，当地老百姓可支配收入的不断增多，使人们休闲度假的渴望值急剧上升，开发建设该项目满足了人和社会对特色旅游的需求。

未来，榕江县与乐里小镇将进一步完善牛博物馆文化内涵及旅游价值，进一步狠抓生态农业发展和扎实推进生态旅游业建设，并努力将两种业态高度高质融合，推动经济稳定增长，维持并增加游客数量，为人民更新收入模式、创造乐业环境、提供优惠政策、完善基础设施，使乐里与乐里人民实实在在地"牛"起来。

执笔：欧阳恺

# "体旅融合 + 乡村振兴"带动"龙里速度"

## ——龙里创新体育产业发展模式

近年来,龙里县依托交通区位、生态资源、民族文化、乡村旅游等优势,通过开发攀岩、山地自行车、滑草、溜索、野外拓展等山地户外运动体验项目,全力打造龙里大草原景区、龙架山国家森林公园、中铁国际旅游度假区等旅游目的地,以山地户外运动资源和体育赛事活动为引子,拉动旅游业井喷式增长。近三年来,龙里县旅游总人数、旅游总收入增长均在50%以上,增幅为全州第一。2018年,共接待游客596.17万人次,同比增长56.55%,实现旅游综合收入53.51亿元,同比增长54.20%,创下了全省奋勇当先的"龙里速度"。龙里县体育工作坚持以《贵州省"十三五"体育发展规划》为指导,创新体育产业发展模式,促进体育与旅游的深度融合,推动全县体育产业转型升级,助力脱贫攻坚,实现乡村振兴,营造"幸福龙里"的美好环境。

## 整合资源 体育旅游画卷缓缓铺开

龙里县位于黔中腹地,地理区位独特,交通条件优越,距贵阳市中心28千米,距贵阳龙洞堡国际机场20千米,为入省咽喉,也是省会贵阳市的东大门。境内气候温和舒适,冬无严寒,夏无酷暑,102条河流、溪涧纵横分布,森林覆盖率达61.49%,空气质量优良率达99.4%,拥有1.33万公顷集中连片的森林覆盖区,是省城名副其实的绿色屏障,贵州省康养旅游名县。龙里自然景观多姿多彩,民族风情古朴浓郁,有中铁国际旅游度假区、国家4A级景区双龙镇·巫山峡谷、喀斯

特高山台地大草原、省级风景名胜区猴子沟、天然氧吧龙架山国家森林公园、乡村旅游胜地湾滩河旅游区、龙里水乡生态旅游区等旅游资源，先后获得了"国家级养生养老示范基地""中国最美健康养生旅游名县"等国字号名片。

得天独厚的交通区位优势和丰富的资源为龙里发展体育旅游创造了良好的前提条件。龙里县委、县政府审时度势，转变体育产业发展思维，从社会经济改革的新高度、市场发展变化的大趋势、社会主要矛盾的新角度，深化对体育旅游的理解认识，构建了"政府搭台、企业唱戏、群众受益"的发展模式，将体育与旅游、农业等优势产业融合，高起点建设了中铁国际生态城、太阳谷养生养老中心、Nike体育运动营等一张张彰显龙里特色的"农体旅融合"IP品牌，铺开了龙里体育旅游的画卷。

## 拉动经济　助力脱贫攻坚成效显著

龙里县体育旅游画卷全面铺开不仅推动了体育产业的转型升级，丰富了体育产业的业态，打造了"体育+"的发展新模式，还为当地经济带来了新的增长点，先后举办过国家级、省级、州级、县级各类体育赛事活动数十余次，吸引省内外近10万人次参与活动，带动旅游及周边行业收入数十亿元。龙里县体育旅游产业的大力发展和其对经济增长的贡献，体现了产业转型升级的优越性，凸显了体旅融合的趋势性，实现了体育产业走新路的创新性。

龙里体旅融合发展助力脱贫攻坚事业取得显著成绩，以政府引导、企业参与的模式，通过就业、土地入股、技能培训等多种方式取得实效，彰显出"拉动强劲、支撑有力"的突出效应。近年来，龙里通过招商引资和市场运作，引进龙门镇、油画大草原等一批总投资超过200亿元的精品项目。如今的龙里，产业越发多元化，要素越发健全化，服务越发优质化，市场越发规范化，影响越发扩大化，带动越发增强化，体育旅游产业已成为带动龙里全面发展的强势生力军。2017年，龙里县旅游对该县GDP的贡献率达38.79%，对财政收入的贡献占比达5.41%，对就业的贡献率达10.43%，直接带动6112人就业，其中，体育旅游作用

图28　龙里水乡"飞跃丛林"（图片来源：贵州省体育局）

明显。体育旅游的大力发展和其强大的经济效益实现了龙里在全州、全省率先脱贫，不仅满足了人民群众对体育运动的需求，还拉动了地方经济的发展，助推脱贫攻坚。

## 推出赛事和精品线路　不遗余力实现乡村振兴

龙里县作为2019年贵州省首批创建全域旅游示范区的县级验收单位，受省、州领导高度重视，"龙里中铁生态体育公园""龙里莲花生态体育公园"两个生态体育公园已顺利通过验收，先后举办了国际、国家、省、州、县各级各类体育赛事活动数十余次，如中国山地自行车公开赛、中国国际木球公开赛、贵州省网球锦标赛等大型体育赛事活动，吸引了国内外10余万人次参与、观看赛事活动，充分带动了龙里县体育旅游业的全面发展。2019年，全国木球锦标赛的举办是龙里县"体育+旅游"融合发展的典型案例。

龙里县还通过推出一系列精品旅游线路，串联全县旅游景点，助力全域旅游发展，以线带点，联动乡村旅游，辐射带动周围乡村的经济发展，为实现乡村振兴提供动力。龙里现已推出贵阳—双龙镇·巫山峡谷景区—龙架山森林公园—莲花湿地休闲体验区—龙里大草原最美休闲游；贵阳—大岩旅游区—高寨旅游区—清水江乡村最淳休闲游；贵阳—十里刺梨沟—莲花湿地休闲体验区—龙里大草原—孔雀寨山地户外和民俗风情游等重点精品线路，形成以山地风光、民族风情、历史文化为内涵，山地公园、精品景区和度假基地为核心，以县城为中心和龙山镇、湾滩河镇、谷脚镇、醒狮镇、洗马镇、冠山街道办事处等节点为支撑，以贵广、沪昆高铁和厦蓉、贵新高速旅游通道为纽带的总体发展格局，以"一轴两翼四区"深挖山地体育、户外旅游资源，打造重点体育旅游项目、体育旅游示范点。

龙里县体旅融合响应了各级政府体育创新发展的政策，拉动了地方经济，带动了"龙里速度"，助力了脱贫攻坚事业，实现了乡村振兴，丰富了人民的物质精神生活，满足了广大群众对美好生活的向往。

执笔：何淼淼

# 以体促旅融合创新
# 探索旅游多元化发展路径

—— 都匀打造"国际足球文旅小镇"

贵州省黔南州府都匀被誉为"高原足球城",足球在这里拥有广泛的群众基础。近年来,黔南州及都匀经济开发区结合自身区位、生态和人文优势,着力推动贵州都匀足球小镇文旅项目建设,经过近三年的发展,足球小镇已集世界足球文化、足球赛事、青训、夏令营、球迷文化活动、休闲娱乐、户外活动、康体养身、研学旅游等为一体,成为我国西南地区唯一一个具备规模、以足球为主题的特色文旅小镇。小镇已成功举办丰富多样的赛事活动,自2017年7月试运营开业以来,累计接待游客97.4万人次,实现旅游综合收入3.01亿元。

## 生态都匀城建设魅力足球镇

都匀市位于贵州省南部偏东地区,东与丹寨、三都县毗连,南与独山、平塘县接壤,西与贵定县相邻,北与麻江县交界。属亚热带季风湿润气候,冬无严寒,最冷的1月日平均气温5.6℃;夏无酷暑,最热的7月日平均气温24.8℃。雨热同季,四季分明,三伏不热,冬行夏令,气候湿润,亚高原的地理和气候特征为足球运动提供了得天独厚的发展条件。修建于都匀的南奥·都匀国际足球文旅小镇位于贵州省黔南州都匀经济开发区,其交通区位优势也十分明显,依托经开区"九纵六横"的内部循环路网和"四横三纵"的对外交通格局,使各地游客无论选择哪种交通方式,都能便利出行,顺畅到达。

原本发端于中国的足球运动在经历了多年浮沉后,在贵州这个山地大省得到了高度重视,而都匀尤其注重对足球人才的培养,目前,足球小镇已成为贵州恒丰足球俱乐部青少年训练基地(图29),同时还是上海申花绿地足球俱乐部的青训和冬训基地,部分985高校足球夏训基地。足球小镇内足球场馆数量多、设施完善、环境优良,能够满足青训队伍对训练场地与设施的高要求,来自各地的孩子们就是在都匀足球小镇接受系统训练,逐渐成长为国家体育事业的优秀后备人才。

小到一座城,大到一个国家,总有什么能让人体会到当地的气质风骨,或是随血脉流淌传承的独特艺术,或是氤氲在大街小巷的当地美食气味,而无论是生活在都匀的人还是从外地来到都匀的人,能感受到的除了多民族文化外,就是浓烈的体育氛围——人们热爱运动,追求健康的体魄,注重团队协作,拥有一往无前的竞技精神与和平和谐的处世态度。足球自身的魅力感染了这座多民族聚居城市,娱乐了慕名前来的游人,也丰富了当地人民的生活。

## 体旅融合创新让足球小镇人气爆棚

保存完好的生态自然环境与多姿多彩的少数民族文化一直是贵州省引以为傲的财富,现代化的足球运动与原生态的都匀结合,实现了"1+1>2"的效果:热爱足球运动的人们在绿茵场上挥洒汗水,感受着清新山风带来的丝丝凉意与幽幽木香,品尝着别具一格的贵州特色菜肴,在足球小镇觅得一方快意逍遥。足球小镇始终坚持保护生态环境优先的原则,致力于打造原生态自然景观,其环境保护措施完善,注重制度的严格制定与实施,环保观念的宣传及员工培训。在建设中,最大限度地保留了原老厂区的建筑和树木,适当增加绿地、植物、雕塑、凉亭等景观,创造丰富的空间层次和景观视线,给人以步移景异的空间感受。整个小镇就是由原三线时期军工厂1037所"变废为宝"改造而成。

小镇从建设至今,已成功举办了诸多赛事与活动,每一场赛事活动的影响不单单是提高了都匀足球小镇的知名度,还为当地带来了巨大的收益、提升了中

图29 都匀足球小镇青训活动（图片来源：都匀足球小镇）

国足球运动在国人乃至国际上的形象。小镇举办了第三届"传奇巨星中国行"活动，分别邀请了意大利的罗伯特·巴乔、葡萄牙的菲戈、巴西的里瓦尔多等世界足球先生前来参加活动，并出任足球小镇的荣誉镇长；先后举办了2018首届国际球迷狂欢节暨小镇音乐节、2018黔南铸梦客·平安胜发杯名校足球邀请赛、2018首届小镇撒欢节暨彩虹mini跑、足球嘉年华、恒丰足球俱乐部青训基地进驻庆典、2019跨年杯足球赛等活动，以活动聚集人气，提升旅游知名度和影响力，持续发散"体育+旅游"带来的热点效应。

以赛促旅以旅带文　文体旅齐头共进

一个项目建设的成功不会是偶然，贵州都匀足球小镇在建设发展中有不少优秀之处。能够合理利用与整合周围或当地的资源，往往容易实现区域的跨越式、纵深式发展。都匀足球小镇通过整合黔南州全民健身活动中心、杉木湖中央公园、茶博园、秦汉影视城等文体旅项目，构建大型体育生态公园和体育旅游文化产业基地。通过足球运动，打造观赛游、体验游、研学游，实现足球与旅游的完美结合。"多样性"有助于抓住除喜爱体育运动之外的"长尾"游客群，"专业性"有助于将爱好体育旅游的游客群体发展成"回头客"或"固定客"。

需要明确发展体育与旅游的目的，不仅仅是响应政府体育旅游融合的号召向世界推出贵州都匀足球小镇品牌，最终的落脚点，是实现经济的增长、加强当地的基础设施建设、解决部分就业问题、催化当地体旅文化发芽开花。足球小镇在促进地区足球运动发展的同时，也衍生了足球夏训、冬训等研学旅游，成为开展夏令营、冬令营、拓展训练等活动的基地；同时带动了交通、商业、旅游、住宿等其他产业的发展，为当地贫困户提供酒店、物业、保安、保洁等就业岗位200余个，随着小镇业务的不断扩大，预计未来可为周边群众提供100余个就业岗位，持续带动群众增收，为脱贫攻坚工作添砖加瓦。

都匀足球小镇的发展目标，是将中国足球产业新名片与黔南州城市品牌、城市发展相结合，开创中国城市营销新篇章，探索城市发展新模式。足球小镇运营方依托都匀良好的地理环境、气候条件、生态环境等优势，做好足球运动所需的硬件设施建设和软件配套，力求将都匀足球小镇建设成为集旅游、休闲娱乐、体育运动、高端酒店、教育培训等为一体的世界球迷"圣地"、最美足球基地和最雅致的足球文化休闲小镇。

执笔：郭　楠

# 体旅扶贫：让贫困地区动起来、富起来

## ——安龙县"体育+旅游+扶贫"的实践与探索

近年来，安龙县以打造"历史文化体验城、山地生态康养城、脱贫攻坚示范城"为目标，在省体育局、团省委的共同帮扶下，探索"体育+扶贫"模式，为脱贫攻坚和全面建设和谐小康社会创造了新动力。

### 优化顶层设计　夯实"体旅融合"发展基础

安龙充分发挥规划的先导作用，制定"六乡安龙"的发展规划。其中，以发展旅游业为主的"荷乡安龙"和以发展体育业（山地户外运动）为主的"武乡安龙"相互渗透，以山地旅游户外运动引领全局，形成"体旅融合发展"的顶层设计。

2016年年初，该县启动《安龙全域的山地旅游户外运动总体规划》，优化"荷乡""武乡"产业基础设施布局，统筹规划旅游、武术、体育产业发展，促进资金、人才等资源的合理配置。依托"体旅融合发展"的大好形势，通过解决部分精准扶贫户就业问题，给精准扶贫户创造极佳创业环境及自我发展的新机遇，加强贫困地区体育基础设施建设，广泛开展全民健身活动，改善贫困地区人民生活条件，丰富贫困地区人民业余生活，为贫困地区人民尽早融入全面建设小康和谐社会事业创造了有利条件。

依托已有的资源条件，在省体育局的支持和帮扶下，安龙推动体旅融合的各种基础产业全面升级，重点扶持武术、休闲体育产业，大力建设镇（村）级农体

工程、武术学校,打造"中国安保第一旅",通过武术、休闲体育产业的发展带动体育用品制造业和体育用品销售业。

2017年1月以来,安龙县委、县政府通过多方筹资,加大投入,积极争取国家、省、州体育局及体彩基金支持,规划建设文体中心、全民健身中心、山地户外运动基地、户外自行车运动基地、山地户外运动温泉基地、户外水上运动基地、航空户外运动基地、民族特色体育运动基地等户外运动基地和笃山、招堤生态体育公园、武术主题公园等户外运动主题公园。

预计到2020年,安龙县各镇(街道)和易地移民安置区全部配备健身活动中心及农民体育健身工程,力争达到"三室一场一路径"标准,实现体育基础设施全覆盖,全力打造一批设施完善、活动丰富、服务优质的集旅游、体育为一体的体旅融合发展示范镇(街道)和行政村(社区)。

## 塑造发展典型　建设国家山地户外运动示范公园

安龙依托县内丰富的山地旅游资源和体育文化氛围,打造独特示范景点,将山地资源最为集中的笃山镇作为"体旅融合"发展示范区,重点建设国家山地户外运动示范公园,推动体旅融合发展,助力笃山镇早日完成脱贫攻坚;同时以农民体育健身工程建设为辅,提高笃山镇人民生活质量,让贫困户逐步走向小康生活。

安龙国家山地户外运动示范公园是国内第一座融合了极限运动、户外休闲、旅游度假、餐饮会议的综合性山地户外运动公园,也是国家体育总局授牌的全国首个山地户外运动示范公园。公园跨越10平方千米的辽阔区域,秉承"安全、环保、科学"的三大核心理念,充分发挥山地资源价值及丰富的想象力,规划有近30个山地户外运动及休闲游憩功能区,结合笃山极其丰富的喀斯特地貌资源,运动项目的设置全面覆盖了国际山地户外运动的多个领域,包括野钓、皮划艇、露营、徒步、空中动力伞、滑翔伞、热气球、洞穴探险等,充分发挥了山地资源价值,饱含地域风格与户外运动文化精髓。

目前，公园核心区域已基本建成，投资2.7亿元，建设面积约1500亩，在建设期间，为美化公园周边环境，对周边农舍进行了山地户外运动特色的装修，改善了当地居民的生活环境；二期总投资5.38亿元，建设攀岩馆、公园环路、篮球场、五人制足球场、游泳池、民宿酒店、帐篷酒店等项目，现已完成投资3亿元，预计2020年6月可完成所有项目点的建设。

2016年9月，国家体育总局登山运动管理中心李致新主任亲临安龙并给安龙颁发中国首个"国家山地户外运动示范公园"牌子。2018年10月，第三届国际山地旅游暨户外运动大会攀岩赛等高端赛事在安龙国家山地户外运动示范公园举行，使其在国内国际具备了一定的知名度与影响力。经过积极宣传，这些高端赛事吸引了全国各地的爱好者前来参与，攀岩公园里人山人海。赛事期间发展体验式活动，前来体验的观众数不胜数。赛事过后，来自周边县市的观光者依然是络绎不绝，每天有不少于4000人到此观光旅游。

安龙国家山地户外运动示范公园建成后，笃山镇梨树村和拉坡村这两个原本比较贫困的小山村，现在已是一片欣欣向荣的景象。各家各户建起了农家乐、农家小饭馆，摆起了特色小吃摊位。打造前人均收入仅5230元，到公园的游客每年仅1万多人；建成后，人均收入达9450元，同比增长了80%，摆脱了贫困的生活。2019年，安龙县内接待游客630多万人次，实现旅游综合收入38.97亿元。在安龙县笃山镇建设安龙国家山地户外运动示范公园（生态体育公园），解决了梨树村、拉坡村及周边各贫困村将近410户1500人的就业问题，加快了这些贫困户走出贫困，迈向小康生活的步伐。

## 打造品牌运动　推动"体育+旅游+扶贫"融合发展

在省体育局的大力支持下，安龙通过整合各类旅游资源和项目资金，以体旅相融合的模式完善招商引资项目库，全力打造全域山地旅游户外运动胜地，着力打响"体育+旅游+扶贫"品牌，将贫困乡镇、贫困人口纳入体育产业共同帮扶和发展，加强农民体育建设工程及全民健身路径工程的建设力度，切实改善贫困地

图30 全国山地户外运动精英赛（安龙站）（图片来源：贵州省体育局）

区人民生活的条件。

近年来，省体育局支持安龙县整合民间资源，积极引进一批具有广泛群众基础、收视率高、符合安龙实际的大型体育赛事活动，通过媒体渠道等传播形式，打造自己的品牌运动，同时将笃山镇的近万名贫困人口纳入赛事活动中的政府购买服务对象，让贫困人口通过赛事活动得到实惠。

2015年，中国民族民间武术展演在安龙举行；2016年，安龙举办了全省舞龙公开赛、全国太极拳公开赛、全国攀岩精英赛和全国山地户外精英赛暨多项积分赛等知名赛事活动（图30）；2017年，全国山地户外精英赛暨多项积分赛、始祖鸟攀登学院培训会、国际攀岩精英赛、国际山地救援交流演练暨全国山地救援交流赛等赛事活动在安龙成功举办；2018年，安龙国家山地户外运动示范公园举办了国际滑翔伞大赛、全国攀岩锦标赛、首届招堤徒步大会等，吸引了万余名户外运动爱好者参赛；2019年中国贵州安龙国际攀岩赛暨第二十七届全国攀岩锦标赛、"洞天文化·故事安龙"系列活动——2019年国家山地救援比赛、"洞天文化·故事安龙"系列活动——2019年徒步中国·全国徒步大会等国际山地旅游赛事活动在安龙县举办。

通过持续策划组织专业体育赛事，吸引了越来越多的普通市民到安龙参与体育休闲运动，带动了当地旅游、餐饮、商业等服务性产业发展和百姓增收。

执笔：周帆青

# 黔西南依托山地资源　持续举办国际品牌赛事

## ——国际山地旅游暨户外运动大会引领贵州山地旅游井喷发展

在中国，贵州是山地资源最为丰富的省份之一，山地和丘陵占国土面积的92.5%，气候宜人，独具生态、气候、地理等资源优势禀赋，被誉为"公园大省"，而黔西南布依族苗族自治州最为典型。

"磅礴数千里，为西南奇胜。"徐霞客曾对黔西南州兴义万峰林咏叹。黔西南是世界喀斯特山地分布面积最大的区域，喀斯特峰林、高原湖泊、瀑布、峡谷、天坑集中而均衡地分布。近年来，在中央和省委的指导下，黔西南州州委、州政府因地制宜，把"大旅游、大扶贫、大数据"作为三大核心战略行动写入"十三五"发展规划，以国际山地旅游暨户外运动大会的持续举办为抓手，推动文体旅等多种业态交融发展，探索一条有别于东部、不同于西部其他地区的体育旅游融合发展模式。

### 山地旅游"中国标本"

黔西南州是世界锥状喀斯特地质地貌的典型代表，得天独厚的地质条件和舒适宜人的生态环境，赋予了黔西南山地户外运动资源富集的明显优势，为开展各类运动项目提供了绝好的自然条件。

《国务院关于进一步促进贵州经济社会又好又快发展的若干意见》于2012年发布，从国家层面明确了贵州旅游业发展战略定位，正式提出要把贵州建设成为享誉国内外的旅游目的地、休闲度假胜地。

2014年全国"两会"期间,习近平总书记参加贵州省代表团审议时指出,正确处理好生态环境保护和发展的关系,因地制宜选择好发展产业,让绿水青山充分发挥经济社会效益,切实做到经济效益、社会效益、生态效益同步提升,实现"百姓富、生态美"有机统一。

2015年,"国际山地旅游大会"这个我国唯一以山地旅游为主题的国家级、国际性峰会,永久落户黔西南,目前,已举办五届(图31)。

特别是2018年第四届大会期间,英国、法国、意大利等16个欧洲国家驻华使节、官员代表团,美国、法国意大利、瑞士等52个国家和地区的100余家旅行商,20余家国外驻华旅游机构代表,200余家航空和旅游企业代表等共1280名嘉宾及参会代表出席大会。国家体育总局副局长杨宁指出,大会的连续成功举办,已经成为世界认识贵州、了解贵州的重要窗口,成为展示贵州山地体育旅游发展成就、推动体育旅游扶贫的重要平台。

有着"金贵之州"的黔西南,抓住机遇,紧跟中央和省委步伐,大力发展以山地旅游为代表的民族特色山地经济、山地新型城镇、山地特色农业、山地新型工业、山地生态文明、山地脱贫攻坚百花绽放,老少边穷的黔西南逐步迈入了生

图31　2017国际山地旅游暨户外运动大会(张筱晟　摄)

态文明新时代。贵州，黔西南的山地旅游正成为"守底线走新路奔小康"的"中国标本"。

## 丰富多彩的山地活动

黔西南州按照"依托资源、政府主导、市场运作、活动支撑、打造基地"的工作思路，依托山地户外运动专项规划，积极策划组织各类山地户外运动赛事活动，组织开展了一系列在全省、全国乃至国外都有一定影响力的山地户外活动。

截至目前，黔西南州先后举办了"全景贵州"女子国际公路自行车赛（义龙站）、晴隆"二十四道拐"中国汽车拉力赛暨汽车场地越野锦标赛、2018第26届全国攀岩锦标赛、贞丰三岔河国际露营大会等山地户外运动赛事活动。这些活动的开展，为黔西南州山地户外运动发展积累了扎实的基础，提高了黔西南州的知名度和美誉度，探索出了具有黔西南州特色的山地户外运动新路子。

按照重点打造"2+2"的工作要求，黔西南州即着力以安龙笃山国际攀岩基地、贞丰三岔河国际露营基地"两个基地"和中国热气球俱乐部联赛·兴义站、晴隆二十四道拐汽车拉力赛"两个赛事"为重点，打造具有国际影响力的活动品牌。结合实际打造了多个体育运动产业基地，如万峰林生态体育公园、万峰湖野钓运动产业基地、兴仁县放马坪滑草运动产业基地、安龙县笃山生态体育公园、贞丰县三岔河生态基地等9个基地，为山地户外运动的蓬勃发展提供了良好基础。另外，贞丰三岔河生态体育公园还被国家体育总局第一批授予"全国运动休闲特色小镇"。国家体育总局将"全国运动休闲特色小镇，建设工作培训"放在贞丰召开，兴义市、安龙县、贞丰县被国家体育总局命名为"黔西南（县域）国家体育产业示范基地"。

同时，黔西南州以举办赛事活动为切入点，积极抓好各项赛事活动的策划宣传，形成"以赛事促发展，以活动促宣传，以宣传扩大影响力"的工作机制。统一平台抓好宣传推介。以国际山地旅游暨户外运动大会为平台，依托中央、海内外、省内外各级主流媒体、体育专业门户资讯平台，持续宣传推介，形成铺天盖

图32 2019国际山地旅游暨户外运动大会（图片来源：黔西南州体育局）

地的宣传态势；依托协会（俱乐部），形成"一枝引领，百花争艳"的争比赶超氛围。目前，全州有各类协会（俱乐部）50余个，户外运动形式多样、内容丰富、参与面广，群众参与积极性空前高涨，形成了"一石激起千层浪"的良好赛事氛围和宣传氛围。

国际山地旅游暨户外运动大会从首届开始，走的就是一条新路，山地旅游使旅游服务业成为助推脱贫攻坚、推动经济发展的"助推器"。

## 山地旅游的"黔西南经验"

如何在保护好老祖宗留下的绿水青山的前提下摆脱贫困，一直是黔西南州委州政府思考的问题。

连续数年，黔西南州按照国际标准，谋划实施了一批景区升级，与乡村旅游、山地运动、交通、酒店、智慧旅游、配套服务等项目建设。

2016年年底，世界各地万余名游客来到万峰林下，共享12000碗"兴义羊肉粉",万人餐宴人数创下了国内历史之最,被载入吉尼斯世界纪录大全。因为国际山地旅游大会,市民餐桌上的小小羊肉粉,正成为一个惠及、富及数百万城乡群众的大产业。

据统计,2016年,黔西南州旅游收入达226.21亿元,共接待游客2866.46万人次,接待旅游人数由2012年的1650万人次提高到2017年的4185万人次,旅游总收入由2012年的125亿元提高到2017年的339亿元;2018年上半年,全州共接待游客2459.6万人次,实现旅游收入213.56亿元。

2017年,国际山地旅游暨户外运动大会入选"国家体育旅游精品赛事",安龙国家山地户外运动示范公园被评为"中国体育旅游十佳精品景区";2018年,兴义市、安龙县、贞丰县获评为"黔西南(县域)国家体育产业示范基地"。

关起门是十万大山,打开门是金山银山。黔西南州,为全省、全国发展山地旅游提供了"黔西南经验"。

执笔:肖　雄

# 四大资源"共绘"露营新天地

## ——贞丰县打造三岔河国际露营基地

体育是发展旅游产业的重要资源,旅游是推进体育产业的重要动力,体育与旅游的融合发展创新了体育产业的发展模式,满足了大众对康体养生旅游的需求,推动了体育产业和旅游产业的转型升级。为贯彻落实国家关于发展体育旅游的指示要求,近年来贵州充分发挥自身资源优势,深入开展体育旅游工作,实施100个生态体育公园、100个汽车露营基地、100条体育旅游精品线路建设计划。黔西南州贞丰县根据自身所具优势,以打造三岔河运动休闲特色小镇为契机,实施跨界融合发展模式拉动旅游消费,助推"体旅融合"发展。三岔河高标准打造了国际露营基地、星空酒店、房车露营村和忆境高端休闲康养中心,灵活地将山地旅游与户外运动有机结合,促进"体育+旅游"这一新模式的发展。三岔河国际露营基地的建设与运营充分体现了地方政府积极响应国家关于体育旅游发展的号召,发挥自身资源优势,谋求可持续发展的道路探索。

## 寻觅一方净土——独特的生态资源

贵州省92.5%的国土面积为山地和丘陵,其间峰林、峡谷、天坑、石林、溶洞遍布,冬无严寒、夏无酷暑,全年有300天以上可进行户外锻炼和比赛。天然的地形和气候条件使贵州成为开展登山、徒步、攀岩、漂流、探洞、山地自行车等体育运动的理想地。三岔河国际露营基地不仅提供了露营场地和露营设施,还配有运动游乐设施,建设了攀岩墙、五人足球场、篮球场、卡丁车运动场、滑板运动场、轮滑运动场、环湖慢行系统等，将户外旅游和山地体育运动融为一体，充分利用独特的生态资源作为开展体育旅游的优势。

三岔河国际露营基地是同时拥有山地、湖畔和乡村三种旅游资源的复合型汽车露营基地，在生态资源方面具有得天独厚的优势。该基地位于贵州省黔西南州贞丰县中北部，坐落在国家水利风景区——贵州省风景名胜区三岔河内，是典型的喀斯特地形地貌区，山高坡陡谷深，海拔相差较大，是开展露营、山地自行车、徒步等户外运动的理想场所，具备良好的体育产业发展优势。除山地资源以外，三岔河国际露营基地还拥有美丽的湖畔，喜欢野钓的朋友可以沿河垂钓，体味湖光山色、幽幽草地的闲适。露营基地占地面积2130亩，其中湖域面积1100亩，环湖森林870亩，草坪150亩，山水秀丽、空气清新、气候宜人，是夏季开展户外运动和避暑旅游的好去处。独特的山水资源优势造就了三岔河旖旎的自然风光，三岔河国际露营基地就是依托了这种独特的生态资源优势，以满足大众对户外运动和康体养生旅游的需求为出发点，将户外运动、休闲活动和观光旅游结合起来，打造一个独具特色的体育旅游场所。

## 找准一个位置——优越的区位资源

体育旅游的发展离不开优越的旅游区位和便捷的交通。三岔河国际露营基地（图33、图34）旅游区位优势明显，营地坐落于三岔河风景名胜区，从基地建设之初就能依托景区已有的名气进行推广和宣传，并且能享受景区已有的公共基础设施，起点较高。露营基地相连贵州省示范小城镇——者相、布依古寨——纳孔、4A级风景区——双乳峰，旅游互补资源十分丰富，与周围景点形成旅游景点集聚区，打造精品旅游环线，促进体育旅游产业的整体提升。露营基地的开发与运作可与周围景区强强联合，共享旅游业食、住、行、游、购、娱几方面的资源，有效降低了单个景区的运营成本。同时，集聚区的构成也能够更大限度地吸引游客，让游客能够在相邻的几个景区体验少数民族文化、自然风光、户外休闲活动的旅游套餐，增加了旅游内容的丰富性和多样化。

图33　贞丰三岔河国际露营基地（a）（图片来源：贵州省体育局）

露营基地同时也具有交通优势，距省会城市贵阳200千米，距兴义市120千米，据惠兴高速出站口14千米。自驾的游客可沿交通指示牌一直到达目的地，非自驾的游客可乘坐从县城开往景区的公交车，每15分钟一班，极为便利。体育旅游项目开发的选址需要充分考虑区位资源的优越性，将体育休闲活动与旅游资源有机结合，才能发挥最大的功效。

### 跟随一个趋势——蓬勃的市场资源

近年来，在政府政策的支持下，贵州省的体育旅游市场出现了蓬勃发展的态势。如贵州黔西南（兴义、安龙、贞丰）获批国家体育产业示范基地，实现了贵州省体育产业示范基地"零"的突破；凉都·六盘水夏季国际马拉松赛和余庆松烟万亩茶海生态体育公园成为国家体育产业示范项目；获批全国汽车自驾运动营地5个、国家级体育旅游精品项目10个、国家体育旅游示范基地创建单位1个、国家级体育旅游精品赛事1个；获批全国优选体育项目14个；新建成生态体育公园21个，完成投资近60亿元；已授牌500多处体育休闲运动基地，其中，清镇体育训练基地、红枫湖水上训练基地、麻江下司激流回旋皮划艇基地获国家级训练基地。贵州省在体育旅游发展方面的成就体现了体育与旅游融合发展的价值，凸显了体育旅游市场的大好前景。三岔河国际露营基地在这样的市场环境中，能够快速汲取市场的养分，依靠已经成熟的体育旅游体系有条不紊地发展壮大起来。

由于成长在相当活跃的体育旅游市场环境和成熟的体育旅游体系下，三岔河国际露营基地得到了良好的市场运作和支持，促进了自身的快速发展。2017年11月，中国汽车摩托车运动联合会授予贞丰三岔河国际露营基地"四星级汽车自驾运动营地"称号。2017年年底，贵州省旅游发展委员会评定黔西南州贞丰县三岔河旅游景区为国家4A级景区。2018年，体旅融合的三岔河运动休闲特色小镇共接待游客110万人次，实现旅游收入3亿元。在体育旅游产业发展带动下，三岔河运动休闲特色小镇周边农家乐发展至40余家、特色民俗客栈10多家、自行车租赁20多家，直接或间接带动约8000名贫困人口脱贫，这是乡村体育旅游产业市场化运作的拉动效应。

图34　贞丰三岔河国际露营基地（b）（图片来源：黔西南州体育局）

## 依靠一个后盾——有力的政策资源

体育旅游产业的发展离不开政府的扶持，三岔河国际露营基地的建设和发展得到了省、州体育部门和旅游部门的大力支持。为更好地宣传推介贵州贞丰三岔河国际露营基地，进一步提高知名度，政府制订了一系列扶持方案。贞丰县政府出台了招商引资优惠办法，在土地供给方面优先保障体育产业，并组建专班对项目进行跟踪服务，帮助企业解决建设中遇到的困难和问题，营造良好的招商环境。

在办会办展方面，三岔河国际露营基地也备受青睐。在县委、县政府大力扶持下，三岔河国际露营基地成功举办了两届国际山地露营大会分会场活动、第二届黔西南州旅游发展大会及全省生态体育公园现场会暨观摩会，其中包括乐驾风情音乐节、AMA亚洲国际超模模特大赛黔西南总决赛暨中国房产露营模特大赛、好太太选拔大赛、民族风情展演、颁奖晚会、篝火晚会、户外水幕电影展播、帐篷露营、攀岩、定向越野、CS野战、湖面皮划艇、水上独竹漂、龙舟比赛、情侣同心挑战赛等活动。经过多个赛事活动和节庆活动的成功举办，三岔河国际露营基地人气指数、实际经济效益及社会效益直线上升，为以后的景区发展奠定了良好的基础，同时也积累了经营经验。

三岔河国际露营基地的生态资源、区位资源、市场资源和政策资源共同谱写了户外休闲旅游和山地运动的新篇章，描绘出了一片露营新天地，使贵州体旅融合内容更加丰富多彩。

执笔：杨　娟

# "三大赛事"齐聚义龙
# 推动新区体旅融合发展

## ——黔西南州义龙新区打造国家级棒垒球体育公园

交通便利、气候宜人、设施完善的黔西南州是举办大型体育赛事以及开展赛事训练、培训的最佳目的地。而义龙新区属黔西南核心腹地，地处海拔1200~1500米的亚高原区域，特别适合开展多种体育训练。地处北纬25°的义龙，冬无严寒、夏无酷暑，汕昆高速贯穿而过，并在义龙新区开设2个站口，距兴义机场25千米，距离盘州高铁站仅需1小时，距离兴义火车站仅需15分钟，棒垒球体育公园旁50米处建设有五星级酒店两家。

近年来，黔西南州义龙新区因地制宜，探索体旅融合发展，打造了棒垒球体育公园，成为贵州省唯一一个以棒垒球为主题的体育公园，也是贵州省唯一的棒垒球场地，全国唯一一个设有集装箱看台的棒垒球场。该体育公园于2018年成功承办"2018年海峡杯女子垒球锦标赛""2018年全国女子青年垒球锦标赛""2018年全国女子垒球锦标赛（图35）"三大国家级赛事，并承办"2019年U18亚洲青年垒球锦标赛"。

### 打造棒垒球运动"金字招牌"

义龙新区棒垒球体育公园位于贵州省黔西南州义龙新区鲁屯镇境内（湖景酒店旁），占地99434平方米（约149亩），总建筑面积2261.86平方米。包含室内运动场馆、以集装箱建筑为主并配备有电子大屏显示器2块的棒垒球看台、景观工程、硬质铺装，建设有篮球场2个、网球场2个、棒球场1个、垒球场1个、11人制标准足球场1个、轮滑场1个、绿化苗木种植与养护、配套工程、变配电工程、通信工程、综合管线以及相关配套设施等工程和外电接入等工程。完善的基础设施使棒垒球体育公园成为承办该届赛事的不二之选，也是赛事能够成功举办的关键因素。

为了使棒垒球运动成为黔西南州义龙新区的"金字招牌"，黔西南州义龙新区在3月份举办了"软式棒垒球"社会体育指导员培训，义龙新区60名体育教师成为"软式棒垒球"的教练，目前全区13所学校正在筹备开展"软式棒垒球"教学，计划今后每年举办一场培训，力争在2~3年内将棒垒球这项运动在黔西南州义龙新区校园化、大众化。

2018全国青年女子垒球锦标赛于12月9~15日举行，共9支参赛队，约260人参加；2018"海峡杯"女子垒球赛于12月11~15日举行，海峡两岸各有两支大学代表队约100人参加；2018全国女子垒球锦标赛于12月16~22日举行，共9支参赛队，约260人。"三大赛事"实现了体育旅游深度融合，得到了黔西南州委、州政府的高度重视和正确领导，得到国家体育总局手曲棒垒球运动管理中心、省体育局、州体育局的大力支持。

通过2018年"三大女子垒球赛"的成功承办，黔西南州义龙新区棒垒球体育公园已经在棒垒球业内"小有名气"，吸引了全国各地棒垒球爱好者到这里冬训，现在已有国内10余家棒垒球协会与义龙新区对接，且都有意向到黔西南州义龙新区开展冬训。其中，北京丰台棒垒球队伍已在此完成冬训，并对黔西南州义龙新区棒垒球体育公园的场地设施、食宿保障、交通设施、气候环境、服务水平等方面给予高度评价。

## 赛事盛况亮点纷呈

"三大赛事"在黔西南州义龙新区的成功举办，得到了与会领导、嘉宾的高度评价和广泛赞誉。国家体育总局手曲棒垒运动管理中心副主任杨旭说："赛事

图35 黔西南州义龙新区全国棒垒球赛（图片来源：黔西南州体育局）

成功举办，已经成为中国进一步了解贵州、了解黔西南和义龙新区的重要窗口，成为展示义龙新区山地体育旅游发展成就、推动体育旅游扶贫的重要平台"。与会嘉宾和媒体记者也纷纷表示，赛事的成功举办，在推动山地旅游与户外运动融合发展、展示美丽黔西南和义龙良好的旅游形象等方面发挥了积极作用。

同时，"三大赛事"突出了开放性、专业性、引领性、融合性，亮点成效更显著。

一是优质资源得到充分利用。义龙新区交通、气候有着举办棒垒球赛得天独厚的优势，"三大赛事"的成功举办正是依托了这种优质资源。而赛事的成功，也进一步挖掘了义龙新区的资源优势。

二是平台作用初步彰显。赛事期间，通过民族文化的展示，让观众了解了义龙山地旅游与体育融合发展新业态，而高级别的比赛也将黔西南州的体育旅游资源得以向全国人民展现，尤其是"海峡杯"女子垒球赛的举办，更是推动了海峡两岸的文化交流。

三是体育旅游交流合作进一步深化。为促进黔西南和新区旅游的对外宣传推广，赛事期间，组织参加海峡杯的四支代表队队员及所有裁判员考察了黔西南及义龙新区相关旅游业和民族文化发展、生态建设等，黔西南州优美的山地自然风光和多彩的少数民族文化得到了普遍称赞。

## 助推棒垒球运动跨越式发展

黔西南州义龙新区以"三大赛事"为契机，认真总结赛事的经验，进一步完善场地建设，积极与国家、省、州对接，争取更多的赛事落户义龙，推动义龙乃至全州体育事业更上一个新的台阶。

积极与兴义民族师范学院及州教育局对接合作，充分发挥义龙新区生态体育公园棒垒球场是贵州省第一个棒垒球场，也是贵州省目前唯一的棒垒球场的优势，让棒垒球这项运动真正走进黔西南州校园，共同见证棒垒球运动的发展。

进一步总结本次比赛策划、筹备、组织等各环节的经验教训，认真分析存在的问题和不足，及时安排部署下一步工作。认真总结经验，把好的经验、好的做法固化下来，形成长效办会机制，巩固和拓展本次比赛的丰硕成果和宝贵经验，继续在完善办会机制、创新办会理念、提高办会水平、丰富活动内容等方面下工夫。

义龙新区棒垒球取得的成绩，得到了国家、省、州相关领导单位的肯定和大力支持，义龙新区的棒垒球运动拥有良好的社会基础，将助推棒垒球运动的跨越式发展。

执笔：肖　雄

# 附　录

## 贵州省人民政府办公厅
## 关于贵州省创建全国体育旅游示范区的意见

黔府办函〔2019〕23号

各市、自治州人民政府，贵安新区管委会，各县（市、区、特区）人民政府，省政府各部门、各直属机构：

为加快推进贵州省全国体育旅游示范区创建工作，经省人民政府同意，制定本意见。

### 一、指导思想

坚持以习近平新时代中国特色社会主义思想为指导，全面贯彻党的十九大精神，认真落实党中央、国务院决策部署，牢固树立创新、协调、绿色、开放、共享的发展理念，充分挖掘和发挥全省体育旅游资源优势，培育和壮大企业集群，构建产业体系，优化体育旅游消费环境，推进体育和旅游深度融合，创建全国体育旅游示范区，不断满足人民群众多层次多样化运动健康生活需求。

### 二、基本原则

——市场主导，政府扶持。充分发挥市场在资源配置中的决定性作用，加大政府扶持力度，激发社会活力和企业动力，建立和完善体育旅游产业体系。

——消费带动，培育主体。围绕人民群众日益增长的体育旅游休闲消费需求，培育壮大企业主体，加强供给侧结构性改革，不断完善配套设施，提高体育旅游服务水平。

——突出特色，打造品牌。开发具有贵州地域特色和产业特点的体育旅游产品和项目，加大推广宣传和市场开拓，打造品牌，扩大我省山地特色体育旅游的影响力和知名度。

——改革创新，示范引领。完善体育旅游发展体制机制、政策措施和产业体系，打造发展典型，形成可推广的经验，树立发展新标杆。

——科学规划，保护生态。提高体育旅游规划与开发的科学性、严肃性和可行性，守住发展和生态两条底线，实现百姓富与生态美有机统一。

——发挥优势，融合发展。围绕"大扶贫、大数据、大生态"三大战略行动，发挥自然生态和民族文化优势，推动文体旅融合发展。

## 三、创建目标

### （一）总体目标

依托我省山地旅游和多民族文化资源，在全域旅游示范省创建工作的基础上，以提升山地户外运动品质为着力点，以传承和弘扬民族民间传统体育项目为载体，以打造国内外具有影响力的体育赛事为突破口，积极开发高桥极限、洞穴探险、路跑健身、山地骑行、户外拓展、水上运动、冰雪运动、低空运动、攀岩、徒步等特色业态。通过体制创新、模式创新、产品创新，创建以亚高原山地户外运动为特色的全国体育旅游示范区，将体育旅游培育成为我省经济新的增长点，将贵州打造成国内一流、世界知名的体育旅游目的地。

### （二）阶段目标

到2022年，按照全国体育旅游示范区的各项要求，建成山地民族特色体育旅游强省。重点建设30个城镇体育旅游示范基地、30个景区体育旅游示范基地、10个省级体育特色小镇；重点推出10条特色体育旅游黄金线路；重点打造10项具有国际国内影响力和自主知识产权的体育品牌赛事；培育10家具有全国知名度和影响力的体育旅游企业；全省创建一批体育旅游示范县，体育旅游人数快速增长，消费规模显著扩大。

## 四、重点任务

### （一）编制体育旅游示范区规划

各市（州）、贵安新区根据《贵州省全国体育旅游示范区总体规划》和本地实际情况编制本级体育旅游发展规划，指导有条件的县（市、区、特区）于2020年前编制县级体育旅游发展专项规划。发展规划要符合国土空间规划等上位规划，适应大生态、大健康、大旅游时代要求，落实多规合一，突出优势资源，把体育赛事、全域旅游、民族文化、生态建设、乡村振兴、脱贫攻坚等有机结合起来。

### （二）打造文体旅特色走廊

充分利用旅游资源普查成果，开发培育贵州特色文化体育旅游产品，重点打造"长征之路""霞客之路""阳明之路""茶马古道"等特色走廊。通过在现有步道和通村通组路基础上进行新建、改造、提升，以及制定优惠政策吸引社会资本参与投资等多种方式，各市（州）每年至少建成100千米健身绿色步道（登山步道、森林步道、步行道和骑行道等），贵安新区每年至少建成20千米。

### （三）打造城镇体育旅游基地

鼓励支持和引导各地利用城市大型商场、产业园区闲置空间、体育场馆、连片美丽乡村等现有条件，引入户外运动、水上运动、冰雪运动、汽车摩托车运动、健身气功、体育医疗等体育元素，打造城镇体育旅游基地。各市（州）、贵安新区每年规划建设1个以上城镇体育旅游示范基地。到2022年，全省重点培育30个城镇体育旅游示范基地。

### （四）打造景区体育旅游基地

鼓励支持和引导具备条件的景区，建设完善房车营地、航空营地、户外拓展营地、水上乐园、冰雪乐园等体育业态。支持景区举办体育赛事，开展"体育旅

游体验季"系列活动。实施100个生态体育公园建设计划，推动生态体育公园升级评定为景区体育旅游基地或A级旅游景区。各市（州）、贵安新区每年规划建设1个以上景区体育旅游示范基地。到2022年，全省重点培育30个景区体育旅游示范基地。

### （五）打造体育特色小镇

以国家推动运动休闲特色小镇建设为契机，突出足球、攀岩、骑行、露营、探洞、低空飞行、水上项目、冰雪项目等特色，结合全省名城、名镇、名村建设，重点打造一批体育特征鲜明、文化气息浓厚、产业集聚融合、生态环境良好、惠及人民健康的体育特色小镇。到2022年，各市（州）规划建设2个体育特色小镇，贵安新区规划建设1个体育特色小镇，全省重点支持和培育10个省级体育特色小镇。

### （六）推出体育旅游精品线路

组织开展体育旅游精品线路评选，支持体育旅游精品线路建设，鼓励和引导开发体育旅游产品，经营体育旅游线路，推动实施精品体育旅游活动。各市（州）每年推出3条以上体育旅游精品线路，贵安新区每年推出1条以上体育旅游精品线路。到2022年，全省重点推出10条特色体育旅游黄金线路。

### （七）打造自主品牌赛事或活动

打造"多彩贵州""全景贵州""奔跑贵州""探秘贵州""悦动贵州""水韵贵州"等系列赛事。依托贵州世界级的桥梁和洞穴资源，重点发展高桥极限运动和洞穴探险等标志性体育旅游产品，大力发展马拉松、自行车、徒步、漂流、攀岩等消费引领性体育旅游活动，鼓励引进帆船、帆板、桨板、摩托艇等新兴性体育旅游项目，把体育活动打造成"流动的景点""移动的景区"。各市（州）、贵安新区重点培育和打造5至10项特色体育赛事活动。到2022年，全省重点支持和培育10项具有国际国内影响力和自主知识产权的体育品牌赛事或活动。

## （八）开发民族特色文化体育表演项目

充分挖掘贵州民族民间文化体育旅游资源，扶持和推广龙舟、舞龙、斗牛、独竹漂、射弩、武术、藤球、鞭陀、斗角、秋千、打花棍、踩鼓舞、丢花包、背锣球、摆手舞等传统体育活动，提升参与性、观赏性和娱乐性，促进产业化发展。

## （九）发挥体育旅游社会组织作用

鼓励成立体育旅游组织，组建省级体育旅游协会。加强分类管理和业务指导，鼓励各类社会组织承接政府公共体育旅游服务职能。支持建设体育旅游智库平台机构，组建跨学科、专业化的省级体育产业和体育旅游专家人才库。鼓励和引导专业户外运动组织、优秀赛事活动企业、研学团队到我省开展户外拓展、夏令营、冬令营等活动。

## （十）培育和壮大体育旅游龙头企业

支持具有自主知识产权、民族品牌的体育旅游企业做大做强。引进或培育一批具有市场竞争力的体育旅游龙头企业。到2022年，各市（州）、贵安新区培育1至2家体育旅游龙头企业，全省培育10家具有全国知名度和影响力的体育旅游企业。

## （十一）促进体育+多产业融合发展

重点打造一批有吸引力的国际性、区域性民族特色体育旅游品牌项目。推进传统体育项目文化的挖掘和整理。引导我省民族医药、特色食品、天然饮用水等产业助力特色体育旅游品牌项目发展。提高健康运动在大健康产业中的比重，加强产业协同发展。

## （十二）创新体育旅游扶贫工作机制

将体育旅游扶贫纳入脱贫攻坚总体部署和工作体系，实施体育旅游扶贫工程。发挥体育旅游综合带动效应助力脱贫。提高体育旅游扶贫的精准度，增

加建档立卡贫困人口就业机会，发挥体育旅游在乡村旅游和乡村振兴中的积极作用。

### （十三）推动体育旅游大数据运用

以"互联网+"为支撑，建立体育旅游统计监测体系，推动体育旅游快速发展。整合建设体育旅游大数据平台，分析体育旅游发展需求，支持大数据在体育旅游客流监控、线路规划、安全监管、实时定位、行程智能引导、消费权益保障、网络预订服务等方面的应用。

### （十四）完善投融资机制

鼓励社会资本发起组建促进体育旅游发展的各类股权投资基金，引导各类社会资本有序进入体育旅游领域。探索体育旅游开发PPP模式。鼓励体育旅游项目资产证券化。

### （十五）健全体育旅游人才培养体系

加快推动我省体育高等专科学校建设。支持高校开设体育旅游相关专业或开设相关课程。鼓励体育旅游企业与高校联合建立实训基地。引导相关院校或科研机构设立体育旅游研究基地。加强社会体育指导员和导游从业人员的体育旅游专项业务培训，完善考核机制，整合人力资源，畅通人才流通渠道。

## 五、保障措施

### （一）加强组织领导

贵州省体育旅游建设工作领导小组负责创建工作的统筹协调和工作调度，各成员单位要结合部门职能职责，积极参与全国体育旅游示范区创建工作。各地各有关部门要加强组织领导，细化目标任务，明确体育旅游专项经费，助力全国体育旅游示范区创建工作。

## （二）强化政策支持

各地各有关部门要加大对符合相关法律法规的体育旅游项目审批、项目用地、税收等政策支持力度，完善公共财政体育旅游投入机制，多渠道筹措资金支持体育旅游建设。要鼓励国家级体育旅游示范基地创建和体育旅游精品项目申报，组织开展全省体育旅游示范县、体育旅游示范基地等评选命名活动及体育旅游知名品牌创建活动。各级金融机构要积极为有实力、信用好、体育旅游项目开发参与程度高的骨干企业提供优质便捷的金融服务。

## （三）加强推广宣传

各地各有关部门要创新体育旅游宣传方式和传播载体，开发体育旅游节目，开设体育旅游特色专栏。要扶持体育旅游类宣传活动，制作体育旅游宣传片、主题片、故事片等短视频。要组织编写体育旅游系列丛书、体育旅游线路攻略系列丛书。要大力宣传体育旅游发展先进典型，宣传体育旅游特色产品和示范项目。

## （四）加强综合监管

各地各有关部门要建立健全体育旅游市场监管机制，体育部门牵头，市场监督、文化旅游、应急管理、公安等部门配合，加大对高危体育项目及户外俱乐部日常经营的监管力度。要加强行业自律，充分发挥各行业协会在规范市场秩序、促进企业诚信经营、制定行业标准、准入条件等方面的作用。

贵州省人民政府办公厅

2019年10月10日

（此件公开发布）